Achtung
Sie verlassen den demokratischen Sektor

Bibliografie
(Auswahl)

- *Achtung Sie verlassen den demokratischen Sektor: Das Ende der Freiheit in Deutschland? (2024)*
- *Schwarze Reichswehr: Kriminalroman (2018)*
- *Reimlexikon für Profis (2013)*
- *Land aus Nebel und Licht: Auf der Suche nach dem schottischen Herzschlag (2011)*

u. v. a.

Der Autor:

Nach vierzehn Jahren an deutschen Theatern, überwiegend als Regieassistent, arbeitet Gunnar Kunz heute als freiberuflicher Autor, ein Ziel, das er seit seinem zehnten Lebensjahr verfolgte. Seine Veröffentlichungen umfassen Romane, darunter eine Serie von historischen Kriminalromanen aus der Weimarer Republik, Kurzgeschichten, Theaterstücke, Musicals, Hörspiele und Liedertexte. Ein zweijähriger Aufenthalt in Schottland hat seine Liebe für dieses Land geweckt, das seither seine zweite Heimat geworden ist. 2010 wurde er für den Literaturpreis Wartholz nominiert.

www.gunnarkunz.de

GUNNAR KUNZ

ACHTUNG SIE VERLASSEN DEN DEMOKRATISCHEN SEKTOR

Das Ende der Freiheit in Deutschland?

solibro

KLAR SCHIFF

1. Guido Eckert: *Zickensklaven. Wenn Männer zu sehr lieben*, 2009; ISBN 978-3-932927-43-0
2. Peter Wiesmeier: *Ich war Günther Jauchs Punching-Ball!* 2010 (vgl. Nr. 7)
3. Guido Eckert: *Der Verstand ist ein durchtriebener Schuft. Wie Sie garantiert weise werden.* 2010; ISBN 978-3-932927-47-8
4. Maternus Millett: *Das Schlechte am Guten. Weshalb die politische Korrektheit scheitern muss.* 2011; ISBN 978-3-932927-46-1
5. Frank Jöricke: *Jäger des verlorenen Zeitgeists.* 2013; ISBN 978-3-932927-55-3
6. Burkhard Voß: *Deutschland auf dem Weg in die Anstalt. Wie wir uns kaputtpsychologisieren.* 2015. ISBN 978-3-932927-90-4
7. Peter Wiesmeier: *Steh bei Jauch nicht auf dem Schlauch! Survival-Tipps eines Quizshow-Touristen.* 2016 (überarb. Aufl. v. Reihentitel Nr. 2) ISBN 978-3-932927-09-67
8. Ralf Lisch: *Inkompetenzkompensationskompetenz. Wie Manager wirklich ticken.* 2016; ISBN 978-3-96079-013-6
9. Yvonne de Bark: *Mamas wissen mehr.* 2017; ISBN 978-3-932927-00-3
10. Rob Kenius: *Neustart mit Direkter Digitaler Demokratie.* 2017. ISBN 978-3-96079-011-2
11. Burkhard Voß: *Albtraum Grenzenlosigkeit. Vom Urknall bis zur Flüchtlingskrise.* 2017; ISBN 978-3-96079-031-0
12. Florian Willet: *Mir nach, ich folge Euch! Wie uns die Parteien über den Tisch ziehen.* 2018; Neu erschienen 2021 unter dem Titel *Wie uns die Parteien über den Tisch ziehen!* 2021; ISBN 978-3-96079-084-6
13. Reiner Laux: *Seele auf Eis. Ein Bankräuber rechnet ab.* 2018; ISBN 978-3-96079-053-2
14. Ralf Lisch: *Incompetence Compensation Competence.* 2017; ISBN 978-3-96079-043-3
15. Frank Jöricke: *War's das schon? 55 Versuche, das Leben und die Liebe zu verstehen.* 2019; ISBN 978-3-96079-063-1
16. Burkhard Voß: *Wenn der Kapitän als Erster von Bord geht. Wie Postheroismus unsere Gesellschaft schwächt.* 2019; ISBN 978-3-96079-069-3
17. Kolja Zydatiss: *Cancel Culture. Demokratie in Gefahr.* 2021; ISBN 978-3-96079-086-0
18. Tom Sora: *Linke Intellektuelle im Dienst des Totalitarismus. Wie die Kunstavantgarde den Weg für die Woke-Bewegung bereitete – das Beispiel John Cage.* Solibro 2024; ISBN 978-3-96079-104-1
19. Gunnar Kunz: *Achtung Sie verlassen den demokratischen Sektor. Das Ende der Freiheit in Deutschland?* Solibro 2024; ISBN 978-3-96079-114-0

ISBN 978-3-96079-114-0 / 1. Auflage 2024

Veränderte und erweiterte Neuauflage des Titels:
Sie verlassen den demokratischen Sektor, 2023 (ISBN 9798396314573)

Umschlaggestaltung: *Michael Rühle* / Autorenfoto (S. 2): *privat*
Druck & Bindung: *ScandinavianBook, Neustadt a. d. Aisch*

Solibro Verlag • Jüdefelderstr. 31 • 48143 Münster

verlegt. gefunden. gelesen.
SOLIBRO.de

NORDIC SWAN ECOLABEL 5041 0826

GEDRUCKT AUF PAPIER AUS NACHHALTIGER FORSTWIRTSCHAFT

RESPONSIBLE PRINT

Ich beanspruche das Recht auf Opposition. –
Jeder ist doch heute einverstanden!

Günter Eich

Inhalt

Vorwort

Auch ohne Verschwörungstheorien zu bemühen, wird allmählich offenbar, dass viele der katastrophalen Veränderungen in unserem Leben politisch gewollt sind: die Drangsalierung der Bevölkerung durch eine Politische Korrektheit, deren Sprach- und Denkverbote in der gesamten westlichen Welt immer bizarrere Formen annehmen, die Aufgabe nationaler Souveränität zugunsten der Interessen der Großindustrie, die Tatsache, dass die Profitgeier seit dem Fall der Mauer und dem Ende des Kalten Krieges einen immer hemmungsloseren neoliberalen Kapitalismus betreiben, weil sie ihr System nicht länger als das überlegene präsentieren müssen, die Selbstgleichschaltung der Medien, die Zerstörung des Mittelstands durch Coronamaßnahmen, die Zerstörung der Familien und der Solidarität zwischen Mann und Frau, um die Menschen noch besser ausbeuten und indoktrinieren zu können, die schrittweise Installierung eines Überwachungsstaates, die Verengung des erlaubten Korridors an Meinungen.

Eine von vielen Menschen immer noch geleugnete Cancel Culture sorgt mittlerweile dafür, dass Veranstaltungen abgesagt, Blogs in den sozialen Medien gelöscht, Konten missliebiger Personen von Banken gekündigt, Bücher Andersdenkender aus der Backlist von Verlagen entfernt, kritische Menschen beim Arbeitgeber angeschwärzt und Shitstorms gegen sie organisiert werden. Dafür genügt bereits eine »Kontaktschuld« oder die Verwendung eines Wortes, das die moralinsaure Tugendpolizei für tabu erklärt hat.

Wie weit der Unwille der Herrschenden gegenüber Widerspruch fortgeschritten ist, konnte ich 2019 selbst erleben. Im Vorfeld der Europawahlen lud das Deutsche Historische Museum (DHM) zu einer Blogparade zum Thema Demokratie ein. Ich habe einen kritischen Artikel über Elisabeth Selbert eingereicht, der auf einer Recherche in den staatlichen Protokollen zur Erarbeitung des Grundgesetzes fußt und überkommene Mythen anhand von Fakten und Belegen geraderückt.

Ein Onlineredakteur des Deutschen Historischen Museums lehnte die Übernahme dieses Artikels mit der Begründung ab, das DHM würde »bestimmten Interessengruppen« keine Plattform bieten. So viel zum Thema Demokratie, so viel zur vollmundigen Ankündigung der Blogparade mit den Worten: »Wir wünschen uns vielfältige Sichtweisen und einen regen Austausch untereinander«, so viel zum Lippenbekenntnis des DHM: »Das Demokratie-Labor will bewusst machen, dass Demokratie von der Partizipation und dem Engagement aller lebt. Wir handeln sie ständig erneut durch verschiedene Meinungen und Positionen aus.«[1]

Das also ist der derzeitige Stand der Meinungsfreiheit in Deutschland: Staatliche und staatlich finanzierte Stellen akzeptieren selbst die Auswertung offizieller Dokumente der Bundesregierung nicht, wenn sie den herrschenden Zeitgeist infrage stellen. Das Vortäuschen von Offenheit bei gleichzeitiger hermetischer Abschottung ist der sogenannten Elite mittlerweile in Fleisch und Blut übergegangen.

Macht korrumpiert, das ist eine Binsenweisheit, deshalb überrascht mich weder der Unwille staatlicher und halbstaatlicher Stellen, sich mit Kritik auseinanderzusetzen, noch die Dämonisierung von Andersdenkenden oder die Zunahme von Zwangs- und Zensurmaßnahmen. Wachsamkeit gegenüber Regierungen ist immer angebracht. Was mich jedoch nachhaltig erschüttert: Ich hätte nie gedacht, dass ich einmal erleben muss, dass unsere Demokratie, dass Aufklärung, Meinungsfreiheit, Humanismus und all die Errungenschaften der letzten Jahrhunderte leichtfertig von der Zivilgesellschaft preisgegeben werden.

Insbesondere junge Menschen stehen Denk- und Sprachverboten zunehmend positiv gegenüber, Studenten wollen nicht mit unliebsamen Meinungen konfrontiert werden, die Leitmedien haben jeden Anspruch einer kritischen Begleitung von Regierungsmaßnahmen aufgegeben, Bürger lassen sich gegeneinander aufhetzen, Obrigkeitsstaat und Autoritätshörigkeit sind zurückgekehrt. Auch wenn mir bewusst ist, dass ein Buch wenig daran ändern wird, kann ich zu alledem nicht schweigen. Zumindest möchte ich den herrschenden Zeitgeist nicht unwidersprochen lassen.

Es sind nicht die Vertreter totalitärer Ideen, die mich am Hier und Jetzt verzweifeln lassen, sondern diejenigen, die sie unterstützen und glorifizieren.

Das eigentliche Problem sind nicht die woken Glaubenskrieger, die politischen Sektierer oder die fanatischen Vertreter einer politischen Korrektheit. Menschen, die aus ideologischen Gründen über Leichen gehen, hat es immer schon gegeben und wird es vermutlich bis in alle Ewigkeit geben. In einer funktionierenden Gesellschaft spielen sie jedoch nur eine marginale Rolle. Einen gewissen Prozentsatz an Extremisten kann eine Gesellschaft verkraften, solange sie sich von ihnen nicht auf der Nase herumtanzen lässt. Was eine Gesellschaft nicht verkraften kann, sind Extremisten, die von der Großindustrie finanziert und von Politik, Justiz und Medien ebenso wie von einem Teil der Bevölkerung verhätschelt und ermuntert werden. Es sind nicht die Vertreter totalitärer Ideen, die mich am Hier und Jetzt verzweifeln lassen, sondern diejenigen, die sie unterstützen und glorifizieren.

Eine Demokratie scheitert nicht an einer Handvoll Extremisten. Eine Demokratie scheitert daran, dass niemand ihre Prinzipien verteidigt.

Die Aushöhlung der Demokratie

Wenn man Messer und Stricke genug hat,
ist alles in Harmonie.

Günter Eich

Nicht mal achtzig Jahre nach dem Ende des Nationalsozialismus und fünfunddreißig Jahre nach dem Ende der DDR marschieren wir wieder auf einen neuen Totalitarismus zu. In diesem Kapitel werden wir sehen, wie die sogenannte Elite systematisch an der Abschaffung der Demokratie arbeitet und in welchem Ausmaß dieses Ziel bereits verwirklicht ist, wie mit den simplifizierenden Schablonen »links« und »rechts« von der Realität abgelenkt wird, was die Coronamaßnahmen angerichtet haben und wie idealistische junge Menschen von der Elite instrumentalisiert werden.

Eine Zensur findet statt

2019 fühlten sich verschiedenen Umfragen zufolge 69 bzw. 78 Prozent der Menschen in Deutschland nicht mehr frei, öffentlich die eigene Meinung zu äußern. Der Journalist Christian Staas (*Zeit*) machte daraus: »Es wird sensibler gesprochen.« [GK 488] In einer Umfrage von 2022 stimmten 31 Prozent der Befragten dem Satz zu: »Wir leben in einer Scheindemokratie, in der der Bürger nichts zu sagen hat.« Woraus die Forscher den gegenteiligen Schluss zogen, dass nämlich fast ein Drittel der Befragten die Demokratie abschaffen wolle[1]. In einer weiteren Umfrage aus demselben Jahr waren fast die Hälfte aller Befragten der Ansicht, ihre Meinung nicht mehr frei äußern zu können, 15 Prozent dachten ernsthaft darüber nach auszuwandern. Daraufhin wurden diese Kritiker der Regierungspolitik als »Staatsfeinde« bezeichnet[2].

Die pessimistische Einschätzung der Befragten ist kaum verwunderlich in einer Gesellschaft, in der es zunehmend Konsens ist, Demokratie mit Verachtung zu behandeln. Eine Studie von 2011 fand heraus, dass Freiheit etwa im Vergleich zu Gleichheit in Deutschland einen geringen Stellenwert besitzt und viele Deutsche offenbar keinen Widerspruch sehen zwischen dem

Wunsch nach Freiheit und der Forderung nach mehr staatlicher Regulierung. [GK 328] 2017 waren laut Umfrage 70 Prozent der Deutschen bereit, ihr Recht auf Redefreiheit aufzugeben, damit die Regierung »Hassreden« verbieten könne. Der Journalist Sebastian Dalkowski (*Zeit*) sagt ausdrücklich: »Ich will Verbote.« [GK 418] Nicht wenige Menschen liebäugeln bereits mit einer neuen Diktatur. Besonders an den Universitäten ist der Ruf nach Vorschriften, Verboten und Sprachregelungen unüberhörbar. [GK 488]

Verglichen mit Männern sind Frauen deutlich leichter bereit, Zensurmaßnahmen zu unterstützen, und bewerten die freie Meinungsäußerung als weniger wichtig (in einer Studie von 2019: 59 Prozent Frauen im Vergleich zu 29 Prozent Männer). Wobei junge Menschen beiderlei Geschlechts sich mittlerweile der hohen Zensurbereitschaft von Frauen annähern[3]. Eine US-Studie kam zu dem Schluss, dass 40 Prozent der Millennials bestimmte Formen der Zensur befürworten[4]. Eine Klimaaktivistin twitterte 2021: »Wir werden den notwendigen Wandel der Politik in Sachen der Klimapolitik und der ökonomischen Frage nicht mit demokratischen Wahlen erlangen können.«[5] Und Roger Hallam, Gründer der *Extinction Rebellion*, sagt klipp und klar: »Klimaschutz ist größer als die Demokratie. Wenn eine Gesellschaft so unmoralisch handelt, wird Demokratie irrelevant.« [RU 300]

Demokratiefeindlichkeit wird genährt von solchen Personen aus Politik, Wirtschaft und Medien, denen es ohnehin ein Dorn im Auge ist, sich vor dem Volk für ihr Tun und Lassen rechtfertigen zu müssen. Angelika Krüger-Leißner (SPD) beispielsweise erklärt: »Wir haben starke Grundrechte in unserem Grundgesetz verankert, aber die hindern uns manchmal, einfache, klare Lösungen zu finden.« [GK 310] Die österreichische Schriftstellerin Eva Menasse äußert die Ansicht, man müsste »das Konzept der Meinungsfreiheit überdenken«[6]. Die Aktivistin Luisa Neubauer macht in einer Talkshow deutlich, dass sie Demokratie angesichts des Klimawandels für nebensächlich hält: »Die Wahl zwischen Zeit und Demokratie haben wir nicht.«[7] Christel Wegner und Ulla Jelpke (Linke) sind gar der Meinung, dass man eine Organisation wie die Stasi wieder brauche, um sich vor Andersdenkenden zu schützen. [GK 296] Und *Taz*-Ressortleiterin Johanna Roth fordert, alten Menschen den Führerschein abzunehmen und ihnen zugleich das Wahlrecht abzuerkennen[8].

> ***»Daher können wir nicht an einem rein formalen, neutralen oder objektiven Verständnis von wissenschaftlicher Freiheit festhalten.«***
>
> **Heinrich-Böll-Stiftung**

Graeme Maxton, ehemaliger Generalsekretär des *Club of Rome*, der ein Buch geschrieben hat mit dem Untertitel *Warum unser demokratisches System an seine Grenzen stößt*, erklärt klipp und klar, dass er das allgemeine Wahlrecht für ein Problem hält, und fordert einen Richtungswechsel nach der Methode totalitärer Staaten: »Dieses Problem, ›die Mehrheit überzeugen‹ zu müssen, gibt es in China nicht (...), da jene, die die regulatorischen Entscheidungen treffen (...), eine gut informierte Minderheit mit der Verantwortung ist (...), die Interessen der Mehrheit zu schützen.« [GM 84] Weitere Highlights aus seinem Buch: »Da aktuell nur mehr sehr wenig Zeit bleibt, muss die Menschheit radikale globale Notstandsgesetze einführen, um den fortschreitenden Klimawandel zu bremsen.« [GM 92] »Da es für das Klimaproblem keine schnelle Lösung gibt, müsste das demokratische System für eine lange Zeit außer Kraft gesetzt werden – vielleicht sogar über Jahrzehnte.« [GM 94] Und zwei in seinem Buch zu Wort kommende Klimaaktivisten, die Neurowissenschaftlerin Maren Urner und der Physiker Felix Austen, stellen die rhetorische Frage: »Wie weit würdest du gehen, um dich zu retten, wenn du zwischen Demokratie und Leben wählen müsstest?« [GM 111]

Die Heinrich-Böll-Stiftung wiederum versucht, mit dem Artikel *Vier Gründe, warum wir Wissenschaftsfreiheit in Europa überdenken müssen* den Menschen weiszumachen, dass man mit der Einschränkung von Meinungsfreiheit Pluralität verteidige: »Wenn man sich in das Konzert der Besorgnis über restriktive ›politische Korrektheit‹ im

Namen der Meinungsfreiheit einreiht, (…) riskiert man, rechte Narrative zu unterstützen. (…) Daher können wir nicht an einem rein formalen, neutralen oder objektiven Verständnis von wissenschaftlicher Freiheit festhalten.«[9]

Das Ende der Meinungsfreiheit

Die sogenannte Cancel Culture – schon im Wort steckt eine Verharmlosung, denn mit Kultur haben Zensur und die Versuche, Andersdenkende um ihre Existenz zu bringen, nichts zu tun – wird von denen, die sie anwenden, den Wächtern der politischen Korrektheit, strikt geleugnet, obwohl es ganze Seiten im Netz mit entsprechenden Beispielen gibt[10,11,12,13]. Die Behauptung, niemand würde am Aussprechen seiner Meinung gehindert, wie es etwa Bundespräsident Frank-Walter Steinmeier formuliert, geht am Kern vorbei, wenn der Preis einer Meinungsäußerung durch Verleumdung, Mobbing, Erpressung, Gewaltandrohung und wirtschaftliche Vernichtung in die Höhe getrieben wird. [GK 488] »Cancel Culture ist, wenn aktiv versucht wird, das Leben von jemandem zu zerstören, weil einem nicht gefällt, was er sagt.« [TS 254] Seit Jahren wird ein Klima der Angst geschaffen, das die Öffentlichkeit disziplinieren soll und kritische Äußerungen von vornherein mit einem Risiko behaftet.

Um von der zunehmenden Einschränkung der Meinungsfreiheit abzulenken, wird gern das Strohmann-Argument gebracht, Meinungsfreiheit bedeute nicht Widerspruchsfreiheit, was allerdings auch niemand behauptet. Diffamierungen, Drohungen und persönliche

Angriffe haben mit Widerspruch nicht das Geringste zu tun[14]. Des Weiteren trägt der Glaube, Meinungsfreiheit sei ein Werkzeug Privilegierter, um Macht auszuüben, zu einem repressiven Klima bei. [GK 442, 488] Die *New York Times* behauptet gar, Redefreiheit verursache reale Gewalt. Und Angela Merkel glaubt: »Meinungsfreiheit endet da, wo Hass verbreitet und die Würde anderer Menschen verletzt wird.« In Politik und Medien ist es mittlerweile modern, eine Verachtung demokratischer Prozesse als Verteidigung der wahren Demokratie zu verkaufen. [GK 488]

Internationale Angriffe auf die Demokratie

In welchem Ausmaß die Aushöhlung der Demokratie auf internationaler Ebene vorangetrieben wird, soll hier nur kurz angerissen werden. Stichworte sind die Selbstentmachtung der UN (»Die UN wurden von den Regierungen der Mitgliedsländer, allen voran der US-Regierung, systematisch finanziell ausgetrocknet (...). Auf diese Weise sind viele UN-Organisationen heute auf Gedeih und Verderb von privaten Geldgebern abhängig und müssen bei der Mittelverwendung deren Vorgaben beachten. Gleichzeitig bemänteln sie das gewinnorientierte Tun der Konzerne mit dem Anschein der Gemeinnützigkeit.« [NH 69]), die Kooperation der UN mit dem Weltwirtschaftsforum, [GK 493] die Einflussnahme von Bill Gates und anderen Geldgebern mittels Spenden auf Organisationen wie die WHO[15], [MH 36] die Kaperung aktueller Probleme durch multinationale Konzerne mitsamt deren Versuche, demokratisch gewählte Regierungen auszuhebeln (»Identifizierte Probleme können schneller angegangen werden, ohne zögerliche Regierungen (...) und abweichende Meinungen in der Zivilgesellschaft«[16]), sowie der Versuch der globalen Finanzelite, das Bargeld abzuschaffen[17]. [EW 110, 125-126] Die seit über zehn Jahren andauernden Menschenrechtsverletzungen gegenüber Julian Assange, die von den Industrienationen gleichgültig hingenommen werden, sind nur das äußere Symptom dieser Aushöhlung. [GK 421, 454, 490] »Demokratie bedeutet heute in Wirklichkeit eine Wahloligarchie ökonomischer und politischer Eliten, bei der zentrale Bereiche der Gesellschaft, insbesondere die Wirtschaft, grundsätzlich jeder demokratischen Kontrolle und Rechenschaftspflicht entzogen sind.« [RM 8]

Die Folgen? Die WHO beispielsweise versucht, einen Pandemievertrag durchzudrücken, der die Transhumanismusvorstellungen des Chefs des Weltwirtschaftsforums umsetzen soll, also ein Menschenbild, nach dem mit technologischen Mitteln individuelle Freiheiten aus »höherer Notwendigkeit« eingeschränkt werden. Überwachung der Bevölkerung ist dabei das A und O[18]. Nach diesem Vertrag soll die WHO auch ohne Zustimmung von Regierungen einen Gesundheitsnotstand für deren Länder behaupten und Gegenmaßnahmen diktieren können. Regierungen würden auf diese Weise entmachtet werden, Nutznießer wären vor allem die Pharma- und IT-Unternehmen[19]. »Die Methoden zur automatisierten Überwachung, die unter dem Vorwand der Pandemiebewältigung im Rekordtempo eingeführt wurden und noch werden, waren in Wahrheit schon lange vor dieser Pandemie geplant.« [NH 246]

Wobei das Weltwirtschaftsforum ohnehin bereits durch die in seinem Sinne ausgebildeten rund 1.400 »Young

Global Leaders« bzw. »Global Leaders for Tomorrow« massiven Einfluss auf die Politik in 120 Ländern der Welt ausübt und »die Kabinette der Welt durchdrungen« hat. [EW 149] Zu diesem Personenkreis gehören z. B. Angela Merkel, Annalena Baerbock, Jens Spahn, Emmanuel Macron, Justin Trudeau, Tony Blair, Nicolas Sarkozy und Wladimir Putin. Besonders die Finanzbranche ist mit Leuten von Blackrock, Paypal usw. stark im Führungskräfteprogramm vertreten[20].

In Bologna läuft das Pilotprojekt eines Sozialkreditsystems der EU, das *Smart Citizen Wallet*, der kleine Bruder des von EU-Kommission und Ursula von der Leyen angeschobenen *European Digital Identity Wallet*. Die Gefahren sind offensichtlich: Braves Verhalten wird belohnt, Abweichler werden bestraft[21]. »Wenn die Kreditkarte oder die Kundennummer deaktiviert wird, bleibt die Küche kalt, die Wohnungstür zu und das Auto stehen.« [NH 268]

Mit dem *Aktionsplan gegen Desinformation* und dem *Digital Service Act* (DSA)[22] setzt die EU durch, dass Online-Plattformen bei »außergewöhnlichen Umständen« »Krisenprotokolle« anwenden, mit deren Hilfe das Internet mit gewünschten Informationen geflutet und jede kritische Stimme (als »Hassrede« oder »Desinformation« denunziert) zum Schweigen gebracht wird. Die EU beansprucht dabei, nach Ausrufung einer Krise alleinige Informationsquelle zu sein und dadurch direkten Zugriff auf die Inhalte der sozialen Medien zu bekommen[23]. Zudem sollen ausgerechnet sogenannte Faktenchecker wie *Correctiv* (mehr dazu weiter unten) für die sozialen Medien Falschbehauptungen identifizieren[24]. Das neue Gesetz reiht sich ein in die Maßnahmen, mit denen die EU unter der Leitung von Ursula von der Leyen immer mehr Kompetenzen an sich gerissen hat[25], sei es bei der Impfstoffbeschaffung, dem Corona-Wiederaufbaufonds oder den Sanktionen gegen Russland bereits vor dem Krieg in der Ukraine.

Auch die »Zukunftskonferenz« in Brüssel ist nichts weiter als ein verkappter Staatsstreich, mit dem die EU unter Ursula von der Leyen auf intransparente, manipulative und interessengeleitete Weise versucht, ihren Mitgliedsstaaten Zuständigkeiten zu entziehen und sie zu Befehlsempfängern zu degradieren[26].

Des Weiteren baut die EU unter dem Deckmantel einer Verordnung gegen Kindesmissbrauch im Internet ein Überwachungsnetzwerk auf. Die Umsetzung ist bereits angelaufen, obwohl der Text der Verordnung dem EU-Parlament noch nicht einmal vorliegt. So werden Fakten geschaffen[27].

Das Netzwerk *Covinform*, mit fünf Millionen Euro von der EU finanziert, betreibt als Arbeitsschwerpunkt die

Denunziation von Kritikern der Coronamaßnahmen und bedient sich dabei der intersektionalen Ideologie und des Vorwurfs des Antisemitismus[28].

Mit der *InvestEU-Verordnung* führt die EU eine Art Gütesiegel ein, nach dem Unternehmen dann zur Förderung empfohlen werden oder EU-Gelder erhalten, wenn sie unter anderem einen »gesellschaftlichen Nutzen« haben, der sich z. B. daran bemisst, dass besonders Frauen davon profitieren. Die Diskriminierung von Männern spielt in den Plänen nicht nur keine Rolle, sie ist geradezu Voraussetzung[29].

Mit Ratifizierung des *Lissabon-Vertrags* ist im Übrigen die Wiedereinführung der Todesstrafe in Europa im Fall von Kriegen wieder möglich[30].

Künstliche Intelligenz wird bereits von etlichen Firmen in großem Stil zur Überwachung eingesetzt. Unter anderem wird propagiert, aufgrund von Verhaltensanomalien in der Mikromimik Verbrecher erkennen und so Verbrechen vereiteln zu können, bevor sie begangen werden[31]. Auch elektronische Tätowierungen sind geplant, die Körperinformationen sammeln und überall hinsenden. Dass für diese Technologie gewaltige Datenmengen, vielfach ohne Zustimmung der Betroffenen, erhoben werden müssten, versteht sich von selbst. Der

»freie Datenfluss« angesichts von Corona wird beworben. Weitreichende Eingriffe in unser Leben – etwa Zwangsbehandlungen gesunder Menschen zur Prävention von Krankheiten (»Digitaler Zwilling«) oder digitales Geld, das nur für bestimmte Dinge ausgegeben werden kann – sind unvermeidlich, zumal das Weltwirtschaftsforum (»Shaping the Future of the Internet of Bodies«) ebenso wie die EU daran interessiert ist, diese Horrorszenarien wegen ihrer gigantischen Wachstumsprognosen Wirklichkeit werden zu lassen[32]. Die Transhumanisten gehen sogar noch weiter und wollen die völlige Verschmelzung von Mensch und Maschine[33].

Mit Ratifizierung des Lissabon-Vertrags ist im Übrigen die Wiedereinführung der Todesstrafe in Europa im Fall von Kriegen wieder möglich.

Staatliche Überwachung

Auch in Deutschland schreitet die Erosion der Demokratie, des Rechtsstaats, der Meinungsfreiheit mit Riesenschritten voran. Die schiere Menge an Gesetzen, die auf Überwachung, Zensur und Knebelung kritischer Bürger hinauslaufen und zudem nicht selten im Eiltempo und unter Vermeidung öffentlicher Debatten mit Tricks und Manipulationen durchgewinkt wurden, belegt dies.

Mithilfe von Staatstrojanern[34] ist die intimste Ausspähung der Bürger und die Installation von Schadsoftware auf heimischen Computern möglich, ein »gesetzliches Betretungsrecht« erlaubt der Polizei darüber hinaus, zur Installation dieser Trojaner in Wohnungen einzubrechen. [GK 420, 454] Die große Koalition hat all das unbeirrt durchgedrückt, obwohl Staatsrechtler erhebliche verfassungsmäßige Bedenken dagegen vorbrachten[35]. Die Trojaner sollen auch gegen Personen eingesetzt werden, »gegen die noch kein Tatverdacht begründet ist«. Künftig können also zahlreiche Behörden die Kommunikation unbescholtener Bürger auf deren Endgeräten mitlesen[36]. Zudem wird dadurch ein großer Anreiz geschaffen, entdeckte IT-Sicherheitslücken nicht zu schließen, sondern für eigene Zwecke zu nutzen.

Aufgrund der Veränderung des *Telekommunikationsgesetzes* können Datenpakete durchleuchtet werden, Nutzerverhalten wird ausgespäht. Geheimdienste und andere Behörden erhalten automatisch Zugriff auf Pass- und Ausweisdaten. Der *Grundrechte-Report 2017* zählt zahlreiche Einschränkungen rechtsstaatlicher Grundprinzipien vor allem im Namen der Terrorismusbekämpfung auf. [GK 420] Die Justizminister wollen die Sicherheit des Mobilfunkstandards 5G schwächen, um Ermittlern Zugriffe zu ermöglichen. Horst Seehofer (CSU) hat einen Gesetzentwurf vorgelegt, nach dem Verdächtige durch Beugehaft gezwungen werden können, Passwörter für Online-Dienste herauszugeben. [GK 488]

Thomas de Maizière (CDU) (»Es kann nicht sein, dass es Bereiche gibt, auf die der Staat gar keine Zugriffsmöglichkeit hat.«) will die Industrie verpflichten, Hintertüren in allen digitalen Geräten zu schaffen, um Lauschangriffe zu ermöglichen. Nicht zuletzt möchte er eine flächendeckende Gesichtserkennung einführen. [GK 421]

Bayern hat, wie zuvor schon NRW, eine Lizenz der Schnüffelsoftware des Überwachungstechnologieunternehmens *Palantir* erworben, die eine Verknüpfung verschiedener Datenbanken erlaubt, und dabei gleich einen Rahmenvertrag geschlossen, den andere Bundesländer nur noch kopieren müssen[37]. NRW baut vier Diskriminierungs-Meldestellen auf, um Diskriminierungen, »die unterhalb der Strafbarkeitsgrenze liegen«, in einer Datenbank zu erfassen[38].

Die Fingerabdruck-Pflicht in Reisepass und Personalausweis, jahrzehntelang bekämpft, wurde aller Kritik zum Trotz eingeführt, als seien sämtliche Bürger Deutschlands potenzielle Kriminelle[39]. Außerdem gibt es das KFZ-Kennzeichenscanning, die Vorratsdatenspeicherung, die Überwachungspraxis des BND und etliches mehr[40]. Geplant ist außerdem eine Vorratsdatenspeicherung für Postsendungen, die Erfassung aller Reisebewegungen[41] und und und.

Hausdurchsuchungen und die Beschlagnahmung von IT-Geräten sind nach einer Verschärfung der Strafprozessordnung keine Seltenheit mehr. [GK 420, 454] Mit dem *Arbeitsschutzkontrollgesetz* wurde das Arbeitsschutzgesetz dahingehend verändert, dass mit der fadenscheinigen Begründung einer Sicherheitsüberprüfung des Arbeitsplatzes das Grundrecht der Unverletzlichkeit der Wohnung außer Kraft gesetzt werden kann. Behörden können sich künftig gegen den Willen der Bürger Zugang zu deren Wohnungen verschaffen[42].

Innenministerin Nancy Faeser (SPD) fördert mit dem *Hinweisgeberschutzgesetz* das Denunziantentum im öffentlichen Dienst. Beamte werden ermuntert, anonyme Hinweise abzugeben auf nicht-strafbare »verfassungsfeindliche Äußerungen« ihrer Kollegen, die dann in einer Beweislastumkehr den Gegenbeweis antreten müssen. Außerdem will sie per Zugriff auf Endgeräte vor der Versendung von Nachrichten die Ende-zu-Ende-Verschlüsselung unterlaufen (»Client-Side-Scanning«) und somit anlasslos und massenhaft Chats und E-Mails überwachen[43,44].

Staatliche und kommerzielle Akteure versuchen, Impfpass und Personalausweis zu fusionieren bzw. das COVID-Zertifikat zu einem digitalen Identitätsnachweis umzufunktionieren, wodurch eine Überwachung mittels Bewegungsprofilen, wie bereits in der Vergangenheit rechtswidrig mithilfe der Luca-App erfolgt, vorgenommen oder Einschränkungen der Reisefreiheit durchgesetzt werden kann. Auch die Europäische Kommission ist daran interessiert[45,46,47]. Was das für Folgen hat, zeigt das Beispiel Indien, wo das größte biometrische Identifikationssystem der Welt bereits Realität ist und aufgrund von Ausfällen dazu führte, dass Menschen starben, weil ihnen Essensrationen verweigert oder ihre Renten an jemand anderen ausgezahlt wurden[48].

Die Bundesregierung macht sich darüber hinaus die Vorstellungen des Weltwirtschaftsforums zueigen und arbeitet mit Hochdruck daran, ein »digitales Identitätsökosystem« zu errichten, sprich: die Steueridentifikationsnummer zur einheitlichen Bürgernummer zu machen, unter der alle Informationen über den Einzelnen gesammelt und Persönlichkeitsprofile erstellt werden können. Rund fünfzig Behörden und Datenbanken sollen künftig Zugriff darauf erhalten. Bundestag und Bundesrat haben das Gesetz bereits verabschiedet[49,50].

»Da wir genau wissen, was Leute tun und möchten, gibt es weniger Bedarf an Wahlen, Mehrheitsfindungen oder Abstimmungen.«

Das Bundesministerium für Bildung und Forschung erstellt in Anlehnung an China ein totalitäres Konzept für die Zukunft. Ein vom Staat betriebenes »digitales Bonuspunktesystem« soll die Steuerung der Gesellschaft ermöglichen: »Individuen können in der realen und virtuellen Welt eindeutig identifiziert werden, ihre Absichten können prognostiziert und ihre Handlungen transparent gemacht werden.«[51]

Das Bundesministerium für Umwelt, Naturschutz und nukleare Sicherheit gibt eine Broschüre zur digitalen Transformation in den Kommunen heraus, in der in aller Deutlichkeit die antidemokratische Zukunftsvision der Politik formuliert wird (S. 43): »Da wir genau wissen, was Leute tun und möchten, gibt es weniger Bedarf an Wahlen, Mehrheitsfindungen oder Abstimmungen.«[52]

Staatliche Indoktrination

Die Bundesregierung finanziert in großem Stil private Medien und Influencer und behauptet, keine Übersicht zu haben, wer welches Geld bekommt. Demzufolge wäre eine Haushaltskontrolle unmöglich und die beauftragten Mediaagenturen müssten auch keinen Rechenschaftsbericht vorlegen, sondern könnten nach Belieben schalten und walten[53]. Im Bestreben, die Bevölkerung zu beeinflussen, wurde der Etat für Öffentlichkeitsarbeit seit Ende 2013 um knapp zwei Drittel erhöht, die Ausgaben für Social Media verdreißigfachten sich, während der Corona-Krise stiegen die Werbeausgaben um 150 Prozent. 2020 betrug der Werbeetat 150 Millionen Euro. Damit erhält die Regierung nicht nur Einfluss auf die Medien und setzt das Parlament unter Druck, wenn etwa in der Öffentlichkeit für Gesetzesvorschläge getrommelt wird, bevor diese im Parlament eingebracht werden, sondern baut systematisch ein Imperium an Online-Kanälen mit teilweise verdeckten Influencer-Netzwerken auf. Ob regierungseigene Podcasts und Youtube-Kanäle oder der Vertrag von Jens Spahn (CDU) mit Google über die bessere Platzierung der Informationen seines Ministeriums – die Regierung betreibt in großem Maßstab Propaganda, die ihnen laut Bundesverfassungsgericht verboten ist[54].

Das Frauenministerium und die Bundeszentrale für politische Bildung (BpB) finanzieren im Rahmen von *Demokratie leben* mit über 300.000 Euro ein Projekt der von Marieluise Beck und Ralf Fücks (Grüne) gegründeten Stiftung *Zentrum liberale Moderne* (LibMod) mit dem Titel *Gegneranalyse* (Man beachte: nicht gegendert!). Kritische Medien werden als »systemoppositionelle Gegenmedien« verleumdet, die in »demokratiefeindlicher Fundamentalopposition« zu Institutionen und Repräsentanten des Staates stünden und »als Scharnier für verschwörungstheoretisches Denken« fungierten. LibMod wird zusätzlich vom Bundespresseamt mit jährlich 500.000 Euro gefördert, neunzehn Projekte der Stiftung wurden von 2017 bis 2022 vom Auswärtigen Amt, Innenministerium, Frauenministerium und Bundespresseamt mit 5 Millionen Euro bedacht[55,56,57,58].

Die Regierung betreibt in großem Maßstab Propaganda, die ihnen laut Bundesverfassungsgericht verboten ist.

Die Grünen wollen ein *Bundesministerium für Gesellschaftlichen Zusammenhalt* errichten, das als eine Art Umerziehungsministerium gedacht ist[59].

Kinder werden seit 2017 mit dem *Doppeleinhorn* indoktriniert, das angeblich Demokratie und Meinungsfreiheit fördern soll, in Wahrheit jedoch dazu erzieht,

Andersdenkende auszugrenzen und als Hassredner zu brandmarken. [GK 419] In einer Broschüre der Bundeszentrale für politische Bildung wird gar die Aufkündigung des Beutelsbacher Konsenses gefordert, nach dem in Schulen das Überwältigungsverbot gilt, also Schüler nicht indoktriniert werden dürfen, mit der Begründung, Neutralität führe dazu, »dass diskriminierende Strukturen normalisiert, legitimiert, aufrechterhalten oder verstärkt werden«[60].

Überhaupt verkommt die BpB immer mehr zur Propagandazentrale. Ihre üppige finanzielle Ausstattung wird zur Finanzierung tendenziöser Programme, Gruppen und Privatpersonen genutzt wie etwa der Neuen Deutschen Medienmacher oder des Videokanals *SayMyName*, der Werbung für ein Buch des Journalisten Mohammed Amjahid macht, in dem Deutsche als »Kartoffeln« denunziert werden. Auf diese Weise wachsen Regierung und Gesinnungsaktivisten immer mehr zusammen[61]. Und das, obwohl die BpB auf einer ihrer Webseiten selbst schreibt: »Charakteristisch für Propaganda ist, dass sie die verschiedenen Seiten einer Thematik nicht darlegt und Meinung und Information vermischt.«[62]

Staatliche Zensur

Ursula von der Leyen versuchte bereits 2009 mit ihrem *Zugangserschwerungsgesetz* ein Einfallstor für Zensurmaßnahmen durchzudrücken (»Wir werden weiter Diskussionen führen, wie wir Meinungsfreiheit, Demokratie und Menschenwürde im Internet im richtigen Maß [!] erhalten.«) und erklärte Kritiker kurzerhand zu Sympathisanten oder Profiteuren des organisierten Kindesmissbrauchs. [GK 310]

Der damalige EU-Parlamentspräsident Martin Schulz (SPD) forderte ein europaweites Vorgehen gegen »Falschmeldungen« und dachte sich zusammen mit der *Zeit*-Stiftung und Leuten wie BR-Intendant Ulrich Wilhelm, Kolumnist Sascha Lobo und Schriftstellerin Juli Zeh eine *Charta der Digitalen Grundrechte der EU* aus, die »Hassrede und Mobbing« eindämmen soll und eine lange Liste von erwünschten Einschränkungen beinhaltet. [GK 392]

Heiko Maas (SPD) peitschte als Justizminister das *Netzwerkdurchsetzungsgesetz* durchs Parlament, das der Wissenschaftliche Dienst des Bundestags für verfassungswidrig hielt. Seither kann unter dem Etikett »Hassreden« alles in den sozialen Medien verboten werden, was der Agenda der Regierung zuwiderläuft. [GK 392, 420] Der derzeitige Justizminister Marco Buschmann

(FDP) geht noch einen Schritt weiter und will selbst Restaurantkritiken »mit wahrheitswidrigem Nutzerkommentar« unter Strafe stellen und private Nachrichten zwischen Nutzern, also nicht-öffentliche Kommunikation, durchforsten dürfen[63].

Als Außenminister wollte Heiko Maas gemeinsam mit der EU und der US-Regierung die komplette Kontrolle über die Sozialen Medien erlangen (»Digital Policy Lab«). Staaten sollen künftig in die Lage versetzt werden, direkt in die Algorithmen einzugreifen und zu bestimmen, welche Inhalte Nutzer zu sehen bekommen[64]. Die ehemalige Justizministerin Christine Lambrecht (SPD) kündigte eine verstärkte Zensur im Internet an, »um Wahlen zu schützen, Hetze zu löschen und gegen Lügen und Verschwörungsmythen konsequent vorzugehen«[65]. 2017 stand Deutschland in der Rangliste der Länder, die am meisten auf Twitter löschen und zensieren, hinter der Türkei und Russland auf Platz 3. [GK 420]

2021 wurde ein Gesetz gegen Hass im Netz verabschiedet (»Gesetz zur Bekämpfung des Rechtsextremismus und der Hasskriminalität«), das eine effektive Verfolgung dessen vorsieht, was als Hass bezeichnet wird, auf schwammigen Formulierungen basiert, indem z. B. bereits das »Billigen« von Straftaten in Sozialen Netzwerken als Verbrechen gilt, wenn diese Äußerungen den »öffentlichen Frieden« stören, und u. a. vom Wissenschaftlichen Dienst des Bundestags als verfassungsfeindlich eingestuft wird[66]. Vorgesehen sind eine Meldepflicht von Plattformbetreibern an das BKA und die Herausgabe von Passwörtern durch Telemedienanbieter. Außerdem sollen Provider den Internetverkehr umleiten, damit Geheimdienste diesen hacken und Staatstrojaner einschleusen können[66,67,68]. Ein weiterer Schritt auf dem Weg zum Gesinnungsstaat ist die Entscheidung der Regierung, Plattformen zu verpflichten, einen Uploadfilter zu installieren, die Cancel Culture in den Sozialen Medien damit zu intensivieren (»Overblocking«) und Meinungen in noch größerem Maße zu steuern, als es ohnehin schon geschieht[69].

2022 hat die Bundesregierung, versteckt in einem anderen Gesetzesverfahren und huckepack eingeschleust, das Strafrecht verschärft und »Leugnung und Verharmlosung von Kriegsverbrechen« als »Volksverhetzung« strafbar gemacht. Somit wird eine differenzierte Einordnung kriegerischer Handlungen oder die politisch nicht genehme Kritik an befreundeten Kriegsparteien mit der Leugnung des Holocaust auf eine Stufe gestellt[70].

Staatliche Rechtsbeugung

COVID-19 wurde von der Regierung genutzt, um am Parlament vorbei zu regieren und massive Eingriffe in Grund- und Freiheitsrechte zu ermöglichen (Versammlungsverbot, Kontaktbeschränkungen, Ausgangsverbot, Verarbeitung personenbezogener Daten etc.)[71,72]. Gremien, die durch nichts dazu demokratisch legitimiert und in der Verfassung nicht vorgesehen sind (»Konzil« der Ministerpräsidenten mit der Bundeskanzlerin), entschieden über Grundrechte[73]. Das Tatstrafrecht wurde nach und nach durch ein Gesinnungsstrafrecht ersetzt[74]. Verfassungsbeschwerden wurden vom Bundesverfassungsgericht abgebügelt[75], das mit dubiosen Abendessen mit der Bundeskanzlerin seine Unabhängigkeit anscheinend längst aufgegeben hat[76]. Die Gewährung von Grundrechten sollte von Impfungen abhängig gemacht werden, den Bürgern wurde die Einklagbarkeit von Grundrechten erschwert und der Rechtsschutz quasi abgeschafft[77].

Das alles ist kein einmaliger Ausrutscher, sondern die Blaupause für weitere Schritte auf dem Weg zu einer totalitären Regierungsform. Denn das Bundesverfassungsgericht erklärt zum *Klimaschutzgesetz*, dass »selbst gravierende Freiheitseinbußen künftig zum Schutz des Klimas (...) gerechtfertigt sein« können und hält offenbar den Zeitgeist in Form der jeweiligen Regierungsgesinnung dem Grundgesetz gegenüber für gleichwertig, wenn es die aktuelle Gesetzgebung als »verfassungsrechtlich maßgeblich« bezeichnet[78]. Der frühere Innenminister Thomas de Maizière (CDU) forderte eine Verfassungsänderung, um in künftigen Krisen – als Beispiel wird u. a. ein Waldbrand genannt – den Ausnahmezustand zu ermöglichen[79].

Dass die viel beschworene Gewaltenteilung in Wahrheit nur auf dem Papier besteht, wie auch der Europäische Gerichtshof deutlich macht, ist dabei nicht gerade hilfreich[80,81].

Die Hilfstruppen des Staates

Die vielfach von der Politik beschworene Zivilgesellschaft besteht in Wahrheit immer stärker aus Lobbygruppen, die sich als Nicht-Regierungsorganisationen (NGOs) tarnen, in Wahrheit jedoch von der Regierung finanziert werden, daher deren politische Interessen vertreten und ihren Beitrag bei der Kontrolle der öffentlichen Meinung leisten. »Eine besondere politische Rolle spielen NGOs, die direkt oder indirekt von Machteliten finanziert und organisiert werden und eigentlich als ›Fake NGOs‹ bezeichnet werden müssten.« [RM 88]

Durch das *Demokratiefördergesetz* oder das *Forschungsinstitut Gesellschaftlicher Zusammenhalt*, 2020 von der damaligen Bundesregierung gegründet und mit 40 Millionen Euro ausgestattet, verschafft die Regierung ihren Fußtruppen, die auf dem freien Markt wenig Chancen hätten, Lohn und Brot. Unter dem Deckmantel des »Kampfes gegen Rechts« oder der »Demokratieforschung« dienen Zeitgeistinstitutionen als Kaderschmiede für künftige Lobbyisten und Aktivisten und stellen so sicher, dass die Gesellschaft von linientreuen Menschen durchdrungen wird, die die immer gleichen politisch gewollten Sprachhülsen in die Köpfe der Bevölkerung hämmern und regierungskonforme Ansichten durchsetzen. Wenig verwunderlich gibt das Innenministerium ungern die Information heraus, wer alles auf diese Weise gefördert wird, und muss erst durch eine Klage an seine Informationspflicht erinnert werden. Das Ergebnis überrascht denn auch nicht. Gefördert werden die üblichen Verdächtigen wie etwa die Amadeu-Antonio-Stiftung. Ein Bekenntnis zur freiheitlich-demokratischen Grundordnung wird nicht verlangt, ebenso wenig eine Rechenschaftspflicht, denn die könnte verhindern, dass die Lobbyisten »eigenständig Schwerpunkte in der Arbeit setzen« und »flexibel und agil« tätig sind[82].

Eine Trennung zwischen Staat und NGOs ist kaum noch zu erkennen.

Mit dem *Demokratiefördergesetz* können die bisher aufgrund geltender Regelungen nur befristet geförderten Projekte jetzt langfristig protegiert werden. Eine Trennung zwischen Staat und NGOs ist damit kaum noch zu erkennen. Sowohl Bundes- als auch Landesregierungen unterstützen ihnen genehme Gruppierungen mit beträchtlichen Mitteln. Die beiden größten Bundesprogramme, *Demokratie leben* und *Zusammenhalt durch Teilhabe* werden beispielsweise von 62,5 Millionen Euro im Jahr 2016 auf 212 Millionen Euro aufgestockt. Zudem soll zu mehr »Bürgerbeteiligung« an Strafverfolgung, sprich: Denunziation ermuntert werden. Allein die direkten Geldtransfers aus dem Bundeshaushalt an Vereine, Stiftungen und Privatfirmen betrugen 2018 rund 15,5 Milliarden Euro, hinzu kamen etliche Milliarden von Bundesländern, Kommunen und EU. Der Einfluss von Aktivisten, die weder demokratisch legitimiert sind noch kontrolliert werden, nimmt dadurch stetig zu[83,84,85,86,87].

Das Ganze funktioniert natürlich auch umgekehrt: Aus Aktivisten der NGOs werden Regierungsvertreter. Außenministerin Annalena Baerbock (Grüne) beruft Jennifer Morgan, Chefin der Umweltorganisation Greenpeace, die mit ihren zunehmend radikaleren Aktionen inzwischen Menschenleben gefährdet, zur Klimabeauftragten und vermittelt ihr eine Stelle als Staatssekretärin im Auswärtigen Amt[88,89].

Die Bundesregierung bindet systematisch und planmäßig Leitmedien, Social-Media-Konzerne und Bildungseinrichtungen zur propagandistischen Verstärkung in ihre Agenda ein. Insbesondere besteht eine enge Verzahnung mit sogenannten Faktencheckern[90], die zudem mit Leitmedien verbandelt sind[91]. Auf diese Weise stellen sich Staat, Leitmedien und Faktenchecker gegenseitig ein Qualitätssiegel aus, gaukeln der Bevölkerung die Bestätigung ihrer Sichtweise durch scheinbar neutrale und unabhängige Organisationen vor[92] und verschleiern, dass ihre »Fakten« bestimmten Interessen dienen. Faktenchecker sind nichts anderes als Konformitätsprüfer.

Der Faktenchecker *Volksverpetzer* beispielsweise erklärt die Cancel Culture zu einem Hirngespinst (»Die Meinungsfreiheit ist vielleicht so frei wie nie.«) und denunziert in aggressivem Tonfall Andersdenkende. Patrick Gensing, Chef des Faktenfinders der *Tagesschau*, ist ehemaliger Antifa-Aktivist[93,94].

Das angeblich »unabhängige Recherchezentrum« *Correctiv* wurde zu Beginn mit 3 Millionen Euro durch Anneliese Brost, ehemalige Chefin eines der einflussreichsten deutschen Medienkonzerne (früher WAZ, jetzt Funke Mediengruppe) finanziert. Auch der Milliardär George Soros mischt mit. Inzwischen ist Ebay-Gründer Pierre Omidyar Hauptfinanzier von *Correctiv* und fördert praktisch sämtliche spendenbasierten Faktenchecker weltweit. Und siehe da: Das *International Fact Checking Network*, das *Correctiv* zertifiziert hat und von *Correctiv* als »weltweit führend in der Forschung zu Desinformation« beschrieben wird, wird ebenfalls von Omidyar finanziert[95,96].

Die Amadeu-Antonio-Stiftung ist ein millionenschweres Unternehmen (Jahresbudget: 1,5 Mill. Euro) mit 11 Angestellten, gut vernetzt mit der Herrschaftselite (Im Stiftungsrat sitzen Vertreter des RBB, der *Zeit* und die Geschäftsführerin des Kirchentages), und gehört zu den Lobbyisten mit ständigem Zutritt zum Bundestag. Bewilligt hat den Hausausweis die SPD. Für die Regierung diffamieren Ex-Stasi-Mitarbeiterin Anetta Kahane und ihre Helfer unter dem nebulösen Begriff »Hetzrede« alle, die sich regierungskritisch äußern. Kahane übernimmt damit die ihr als ehemalige IM sicher bekannte Zersetzungsstrategie der Stasi. [GK 395] Gemeinsam mit der Bundeszentrale für politische Bildung agiert die Amadeu-Antonio-Stiftung einseitig gegen politischen Extremismus und verharmlost linke Diktaturen. Unter dem Deckmantel der Rechtsextremismusbekämpfung und in Zusammenarbeit mit dem Bundeskongress kommunaler Frauenbüros diffamiert die Stiftung Kritik an der Genderideologie. Außerdem veröffentlicht sie eine Studie zu »Hass im Netz«, die ausschließlich auf einseitigen Fragen basiert, beispielsweise wird explizit nach Hass gegen Frauen gefragt, Hass gegen Männer kommt hingegen nicht vor. Da der ARD-Faktenfinder personell mit der Amadeu-Antonio-Stiftung verbandelt ist, wird die Studie dort nur wenige Stunden nach Veröffentlichung positiv gewürdigt. [GK 494]

Sogenannte Faktenchecker, die ihre Interessen verschleiern, sind nichts anderes als Konformitätsprüfer.

Um die Wirkung der sogenannten Faktenchecker noch zu verstärken, wurde die Faktencheck-Allianz GADMO gegründet, ein gemeinsames Projekt von dpa, AFP, APA und *Correctiv*, die sich die Koordination von Faktencheck-Kampagnen auf die Fahnen geschrieben hat[97].

Das Herrschaftsverständnis der Eliten

Angela Merkel, die ein eher entspanntes Verhältnis zur Legalität hat (»Für die Bundesregierung kann ich sagen, dass wir Recht und Gesetz einhalten wollen werden und da, wo immer das notwendig ist, auch tun.«) [GK 455], hat bekanntlich in die Ministerpräsidentenwahl in Thüringen eingegriffen, weil ihrer Meinung nach »dieser Vorgang unverzeihlich ist und deshalb auch das Ergebnis wieder rückgängig gemacht werden muss«. Damit hat sie, wie das Bundesverfassungsgericht – nach zwei Jahren – feststellt, gegen die Verfassung verstoßen[98,99].

Das interessiert die Herrschenden allerdings nicht. Ex-Bundespräsident Joachim Gauck hat ja bereits die ganze Verachtung der Oberschicht gegenüber den Bürgern des Landes zum Ausdruck gebracht, als er im Fernsehen erklärte, nicht die Eliten seien das Problem, sondern die Bevölkerung[100].

Bezeichnend auch, dass während der Coronakrise von »systemrelevanten Berufen« gesprochen wurde. Wäre es den Damen und Herren Politikern und Journalisten um die Bevölkerung gegangen, die von diesen Berufen abhängig ist, hätten sie von »lebensnotwendigen« Berufen gesprochen oder zumindest von »wichtigen«. Aber es ging ihnen eben nicht um die Menschen, sondern bloß um den Erhalt des Systems. Den Obrigkeitsstaat.

Vorsichtshalber wird die Bundeswehr unter dem Begriff »Heimatschutz« auch zur Zerschlagung von Volksaufständen vorbereitet[101]. Ohnehin probt sie in der für das Militär ausgebauten Retortenstadt Schnöggersburg schon seit Längerem Bürgerkriegssituationen. [GK 455]

Mitglieder des Deutschen Richterbundes besuchten das Bundesverfassungsgericht und tauschten sich dort über »die Grenzen der Meinungsfreiheit« aus, »insbesondere im Hinblick auf den Schutz von Funktionsträgern des Staates«. [GK 488] Auch der Verfassungsschutz wird unter seinem neuen Präsidenten Thomas Haldenwang zum Elitenschutz. Bloße »Verunglimpfungen« fallen bereits unter das Etikett »Hasspostings« [GK 489], und Demonstranten werden als Staatsfeinde diskreditiert: Mit Widerstand gegen den Staat beginne der Extremismus. Haldenwang und Innenministerin Nancy Faeser (SPD) führen ein neues Kriterium zur Beobachtung durch den Verfassungsschutz ein: »Delegitimierung des Staates«, ein Phänomenbereich, der jetzt auf einer Ebene mit den Spielarten des Terrorismus zu finden ist. Wer Amtsträger und ihre Entscheidungen kritisiert, steht künftig unter Beobachtung[102,103,104].

Nach alledem lohnt es sich, Günter Eich wieder zu lesen, den Schriftsteller, der »Sand, nicht das Öl im Getriebe der Welt« sein wollte (*Träume*, 1950) und ein gesundes Misstrauen gegen die Herrschenden hegte. Seine Rede zur Verleihung des Georg-Büchner-Preises von 1959, als einzige Büchner-Preisrede damals nicht wie üblich in der FAZ abgedruckt, hat auch heute nichts von ihrer kritischen Schärfe verloren: »Wenn es um Antworten geht, ist die Macht freigebig. Obwohl der Text im Grund immer derselbe ist, so rufen doch leichte Variationen den Eindruck von Vielfalt hervor, von Weltoffenheit und Konzessionen ans Humane. Ist es da nicht bösartig, wenn man es für das Generalprinzip der gelenkten Sprache hält, zum Fragwürdigen keine Frage zuzulassen?« Und: »Das Verfahren der Macht, sich mit Werten zu maskieren, spekuliert darauf, dass sie mit diesen Werten identifiziert und also selbst für einen Wert gehalten wird. Damit wird alles, was ihr widerstrebt, automatisch zum Negativum.«[105]

Politische Farbenblindheit

Zu Zeiten der Regierung Kohl war jeder, der die Herrschenden kritisierte, »kommunistisch gesteuert«. Jetzt, da die Linken oder die sich dafür halten am Ruder sind, gehört jeder, der die Herrschenden kritisiert, zu den »neuen Rechten«. Eine Strategie, so primitiv und durchschaubar wie erfolgreich. Um von eigenen demokratiefeindlichen Bestrebungen abzulenken, benötigen die neuen Linken das Feindbild Rechtsradikalismus. Zweifellos gibt es gefährliche Neonazis in diesem Land, dennoch muss festgestellt werden, dass die Gefahr durch Rechtsradikale von staatlicher Seite hochgespielt wird, um die Gefahr durch den Linksradikalismus zu bagatellisieren.

So wurden etwa die Kategorien der Polizeistatistik verändert. Von rund 1.400 rechten Gewalttaten wurden 2017 980 der Hasskriminalität zugerechnet, von rund 1.600 linken Gewalttaten zeichneten sich angeblich nur 24 durch Hass aus. [GK 419] In Brandenburg wird jeder Übergriff, bei dem eine rechtsradikale Motivation nicht erwiesen ist, dennoch in der rechtsradikalen Statistik verbucht. Berlin ordnet jede antisemitische Straftat Rechtsextremisten zu, auch wenn sie von Muslimen oder linken Israelfeinden begangen wird. [GK 391] Hunderte rechtsextreme Accounts in den sozialen Medien werden zudem vom Verfassungsschutz selbst betrieben[1], der auf diese Weise seine Existenzberechtigung legitimiert und so die Statistik verfälscht.

Eine altbekannte Methode zur Abwehr von Kritik ist bekanntlich, sich selbst im Lager der Guten zu verorten, deren Verbrechen man aufgrund der guten Absichten vernachlässigen kann, während schon der kleinste Fehltritt des politischen Gegners als dessen moralische Verkommenheit gewertet wird. So wird behauptet, linker Extremismus sei weniger ein Problem, weil linke Terroristen »emanzipatorische Positionen« verträten, während rechter Terrorismus einer »menschenverachtenden Ideologie« folge [CK 12]. Manuela Schwesig hielt Linksextremismus bekanntlich für »ein aufgebauschtes Problem«. [GK 358]

Aus diesen Gründen wird die Hufeisentheorie seit jeher von links bekämpft. Vereinfacht ausgedrückt besagt diese Theorie, dass sich die Extremisten beider Couleur am Ende des politischen Spektrums einander annähern, weil sie sich in ihrer Ablehnung demokratischer Verhältnisse einig sind. Die Rapperin Lady Bitch Ray erklärt beleglos, die Hufeisentheorie sei »wissenschaftlich schon längst widerlegt«[2]. Passivkonstruktionen sind ein typisches Stilmittel von Menschen, die ihre Thesen nicht begründen können und sich hinter Kollektiven verstecken. Die Wikipedia und das ZDF wiederum berufen sich auf den Politologen Robert Feustel[3], der ebenfalls davon spricht, das Hufeisenmodell sei »nie zeitgemäß« gewesen und würde »eine gefährliche Gleichsetzung zwischen links und rechts« provozieren, die heute noch absurder sei als früher, weil »linker Stalinismus kaum noch vorhanden« sei und die Linken nie Gewalt gegen Menschen anwenden würden. Offenbar hat Herr Feustel die letzten zehn Jahre Antifa verschlafen[4]. Nebenbei behauptet er im Zeitalter von Weißen- und Männerhass auch noch, Linke würden sich gegen jede Form von Ausgrenzung wenden.

Bei so viel Realitätsverweigerung ist es an der Zeit, ein paar geschichtliche Fakten in Erinnerung zu rufen. Nicht nur, dass man an Gestalten wie dem einstigen RAF-Anwalt Horst Mahler, der anschließend zur NPD ging, oder an der NSU-Terroristin Beate Zschäpe, die ehemals der linken Punkerszene angehörte, sehen kann, wie leicht es manchen Linksradikalen fällt, auf die rechte Seite zu wechseln. Nicht nur hat die SED 1946 im Zuge der Landtagswahlen in der Sowjetischen Besatzungszone um ehemalige NSDAP-Mitglieder geworben[5], speziell die Weimarer Republik darf als Kronzeugin dafür dienen, dass das Hufeisenmodell seine Berechtigung besitzt.

Beispielsweise brachte 1931 der Stahlhelm (Bund der Frontsoldaten), mitgetragen von den Nationalsozialisten, einen Volksentscheid für die sofortige Auflösung des preußischen Landtags ein, den die Kommunisten (auf Weisung der Kommunistischen Internationale) unterstützten. Noch deutlicher zeigte sich die Einigkeit der Extremisten in ihrem Hass auf die Demokratie während der Reichspräsidentenwahl 1932, in der Hitler gegen Hindenburg kandidierte. Wie schon eine damalige Wahlanalyse zeigt, verdankte Hitler seinen Stimmenzuwachs im zweiten Wahlgang zu einem nicht unerheblichen Teil den Kommunisten. [BT-1]

Ebenso gab es die Wanderbewegung in umgekehrter Richtung: Der ehemalige Leutnant Richard Scheringer, der wegen seiner Unterstützung hochverräterischer Umtriebe der NSDAP verurteilt worden war, sagte sich im März 1931 von den Nazis los, um seinen Eintritt in »die Front des wehrhaften Proletariats« zu erklären. [CH 49] Und Waldemar Pabst, der die Ermordung von Rosa Luxemburg und Karl Liebknecht angeordnet hatte, erklärte später, er habe Rosa Luxemburgs Einfluss auf seine (rechtsradikalen) Soldaten gefürchtet, von denen sich einige offenbar von ihrer Agitation überzeugen ließen. [KG 21-22]

Der US-amerikanische Journalist Hubert Renfrew Knickerbocker, der 1932 Deutschland bereiste, um für seine Leser die damaligen Verhältnisse im Deutschen

Reich zu schildern, stellte fest, dass Nazis und Kommunisten lediglich die Frage der Internationalität trenne: »Von der radikalen Linken zur radikalen Rechten führt in Deutschland nicht eine gerade Linie, sondern ein nahezu geschlossener Kreis.« [HRK 32]

Autoritarismus wurde lange Zeit vor allem als Konzept der Rechten betrachtet, aber eine aktuelle Studie[6] zeigt, dass sich linke und rechte Demokratiefeinde ähnlicher sind, als gern behauptet wird: »Autoritäre neigen dazu, Gleichheit zu mögen und Unterschiede zwischen den Menschen in ihrem Umfeld abzulehnen. Sie sind dominant und aggressiv gegenüber Menschen, mit denen sie nicht einverstanden sind, und sie achten darauf, das zu befolgen, was sie als die Normen für ihre jeweilige Gruppe ansehen.«

Sich selbst als Bollwerk des Guten gegen das Böse zu fantasieren, wird bisweilen bis an die Grenze der Absurdität getrieben. Im Zuge der Bundestagswahl 2017 behauptete Katarina Barley (SPD), eine strauchelnde Sozialdemokratie sei in der Geschichte immer ein Warnruf für die Demokratie gewesen. Woraufhin die Bundestagsabgeordnete Birgit Kömpel (SPD) noch einen draufsetzte: »Immer, wenn sich in diesem Land braune Köpfe erhoben haben, gab es ein Bollwerk für die Demokratie: SPD.«[7]

Wie verblendet muss man eigentlich sein, um ohne jedes Schamgefühl eine derart selbstgefällige Verdrehung historischer Tatsachen zu betreiben? Abgesehen von dem plumpen Versuch der Wählermanipulation und der willkürlichen Behauptung von Kausalitäten kann auch hier der gelegentliche Blick in ein Geschichtsbuch nicht schaden. Dann wüssten die Damen nämlich Folgendes:

Am 23. Dezember 1918 und im Januar 1919 rief Reichspräsident Friedrich Ebert (SPD) die reaktionärsten Kräfte der alten kaiserlichen Armee und die Freikorps gegen die Gefahr durch die Linksradikalen zu Hilfe, statt sich auf sozialistisch-demokratische Truppen und die mobilisierten Arbeiter zu stützen. [AR 35-60, SH 119-146] Die daraus folgenden Gemetzel gingen als »Blutweihnacht« und »Marneschlacht der deutschen Revolution« in die Geschichte ein und waren ein wesentlicher Grund, warum die SPD in dem Jahr, das auf die Wahlen zur Nationalversammlung folgte, ungefähr die Hälfte ihrer Anhänger verlor. [AR 65]

In den ersten Maitagen des Jahres 1929, nachdem die SPD bei den Wahlen im Jahr davor das beste Ergebnis seit 1919 erzielt hatte und Teil einer Großen Koalition wurde, [AR 188-193] ließ Polizeipräsident Zörgiebel (SPD) die Teilnehmer der illegalen Maidemonstration von »Säuberungskommandos« zusammenschießen. Die

Quittung? Während die SPD am 20. Mai 1928 noch auf 29,8 Prozent der abgegebenen Stimmen kam, waren es am 14. September 1930 nur noch 24,5 Prozent. In der gleichen Zeit stieg der Stimmenanteil der NSDAP von 2,6 auf 18,3 Prozent.

Der massive Wählerschwund der SPD heutzutage hat zwar keine blutigen, aber ebenfalls klar zu benennende Gründe, angefangen bei der Unsozialpolitik unter Gerhard Schröder (Hartz IV, Agenda 2010, Hedgefonds) bis zur Männerfeindlichkeit (Scheidungsrecht, Sexualstrafrecht, Quotenregelung usw.) und den zutiefst antidemokratischen Versuchen von Politikern wie Heiko Maas, Zensurmaßnahmen zu privatisieren, um gegen Andersdenkende vorgehen zu können. Eine Studie für den Armuts- und Reichtumsbericht der Bundesregierung kam 2017 zu dem wenig überraschenden Ergebnis, dass politische Entscheidungen stets mit den Einstellungen der Reichen konform gehen: [GK 414, MH 215-217, NH 198] »Das obere Fünftel der Bevölkerung ist immer stärker vertreten, während die anderen vier Fünftel immer schwächer werden.« [MH 218]

»Der Rechtspopulismus hat seine Erfolge zum größten Teil der neoliberalen Politik der in den letzten Jahrzehnten herrschenden Eliten zu verdanken sowie der schier unendlichen Zahl von Skandalen in diesen Kreisen.« [MH 28] »Den Rechtspopulismus bekämpfen bedeutet deshalb, auf jeden Fall der herrschenden neoliberalen Politik entgegenzutreten.« [MH 227]

Mit wesentlich größerer Berechtigung könnte man also sagen: Wann immer die SPD auf Recht und Gesetz gepfiffen (von Moral ganz zu schweigen) und alles verraten hat, wofür sie einmal stand, haben sich Wähler abgewendet und teilweise ihr Heil in extremistischen Parteien gesucht. Damit ist die SPD (wie auch die anderen linken Parteien) für das Erstarken des Rechtsradikalismus ursächlich mitverantwortlich. Und wie schon in der Weimarer Republik weigern sich Sozialdemokraten standhaft, sich dieser Verantwortung zu stellen und Fehler einzuräumen. Carl von Ossietzky hat es bereits 1920 auf den Punkt gebracht: »Die Maßlosigkeit der linksradikalen Opposition ist die beste Helferin der von rechts ausrückenden Reaktion.« [BV]

Virus der Intoleranz

(Dieses Kapitel stammt vom Januar 2022)

Es sind schlimme Zeiten, wenn der Umgang mit einer Krise die Krise noch verschlimmert. Wenn Menschen gegeneinander aufgehetzt werden und sich bereitwillig gegeneinander aufhetzen lassen. Was hier gerade geschieht, ist ein Armutszeugnis für die Streitkultur in diesem Land.

Das fängt schon damit an, dass in öffentlichen Diskussionen wie immer bei emotional aufgeheizten Themen alles Mögliche miteinander verquirlt und damit jegliche Differenzierung verhindert wird. Um überhaupt sinnvoll über Fragen der Impfung reden zu können, sollte man zumindest zwei Dinge getrennt voneinander betrachten: Corona selbst und den Umgang damit.

Was Letzteres betrifft, kann man wohl nur zu dem Schluss gelangen, dass sowohl ein Totalversagen der Verantwortlichen als auch eine Instrumentalisierung der Krankheit für andere Zwecke vorliegt. Selbst wenn man in Rechnung stellt, dass die Politiker in den ersten Monaten überfordert waren und verzeihliche Fehler gemacht haben, muss man doch feststellen, dass:

- diese Fehler nie eingestanden, sondern immer Sündenböcke gesucht werden,
- bei der Logistik der Beschaffung von Impfstoffen versagt wird,
- immer gerade die Behauptungen aufgestellt werden, die den Eliten in den Kram passen, auch wenn sie einander widersprechen (»Masken nützen nichts / sind unerlässlich«),
- die politisch gewollte Reduzierung der Krankenhausbetten für genau die Engpässe auf den Intensivstationen sorgt, die später als Coronafolgen beklagt werden,
- Fakten und Zahlen mit begrenzter Aussagekraft wie etwa die Inzidenzen manipulativ verwendet werden,
- bewusst mit Angst machenden Falschinformationen Panik geschürt wird,
- eine einseitige Auswahl der zu Wort kommenden Fachleute vorgenommen und keine offene Diskussion zugelassen wird,
- bis heute keinerlei Daten erhoben werden, wo genau sich die Haupt-Ansteckungsherde befinden, stattdessen auf unverantwortliche und unverhältnismäßige Weise Lockdowns betrieben und Existenzen vernichtet werden, einschließlich derer, die wie etwa viele Restaurants, Kinos, Theater frühzeitig ein Hygienekonzept vorgelegt und teilweise dafür Geld investiert haben,

- eine personelle Verquickung von Politik und Pharmaindustrie stattfindet und dem Profitinteresse der Pharmaunternehmen in einem Ausmaß nachgegeben wird, das zumindest Zweifel aufkommen lässt, dass die Gesundheit der Bevölkerung für die Politik an erster Stelle steht,
- Corona genutzt wird, um die Aushöhlung der Demokratie voranzutreiben, und zwar nach Plänen, die Jahre zuvor von der Wirtschaftselite ausgearbeitet wurden,
- die Bevölkerung systematisch gegeneinander aufgehetzt wird, um eigenes Versagen zu vertuschen (»Teile und herrsche«).

Diese notwendige Kritik an den Maßnahmen der Regierung und der unterstützenden Berichterstattung durch die Leitmedien sagt allerdings nichts darüber aus, wie gefährlich Corona ist. Ehrlich gesagt, bin ich verwundert, dass wir plötzlich achtzig Millionen Virologen in unserem Land haben. Ich bin keiner. Ich nehme zur Kenntnis, dass es anerkannte Fachleute gibt, die gegensätzliche Einschätzungen zur Gefahr durch Corona abgeben und gegensätzliche Empfehlungen für oder gegen eine Impfung äußern, und muss meine Entscheidung daher auf der Basis unzureichender Informationen treffen. Daher kann ich nur versuchen, nach bestem Wissen und Gewissen für mich eine Gefahrenabwägung zwischen der möglichen Erkrankung durch Corona und möglichen Spätfolgen durch die Impfstoffe vorzunehmen.

Das habe ich getan und bin nach langem Zögern zu dem Schluss gelangt, dass eine Impfung das geringere Risiko darstellt. Dass jemand auch zum gegenteiligen Schluss kommen kann, liegt angesichts der unklaren Faktenlage auf der Hand und ist selbstverständlich zu respektieren, wie auch ich Respekt vor meiner Entscheidung erwarte.

Daher 1.) Ich habe mich impfen lassen. 2.) Ich halte es für möglich dass ich mich in meiner Einschätzung geirrt und einen Fehler begangen habe, den ich irgendwann bereuen werde.* 3.) Mit dieser Unsicherheit muss ich leben, ebenso wie jeder andere, egal ob geimpft oder ungeimpft.

Inzwischen bin ich zu der Überzeugung gelangt, dass genau das der Grund dafür ist, warum Menschen ohne virologische Ausbildung in dieser Frage verhärten, kategorische Ansichten vertreten und Andersdenkende anfeinden: weil sie diese Unsicherheit nicht aushalten. Lieber klammern sie sich an die eine oder andere Ideologie und reden sich entweder ein, Impfung sei der Heilige Gral oder Corona sei harmlos und ohnehin nur Lug und Trug. Und projizieren alle möglichen Fantasien auf diejenigen, die sich anders entschieden haben. Wer dem anderen einen rationalen Grund für seine Entscheidung abspricht, hat offensichtlich Angst, sich den Zweifeln an der eigenen Entscheidung zu stellen.

Das kann man auch daran erkennen, dass die Extremisten beider Couleur keinerlei Argumente hören wollen, die ihre Entscheidung infrage stellen könnten. Der Druck auf Impfgegner ist dabei natürlich deutlich größer, weil er von der Staatsmacht ausgeht, erst recht, wenn wie geplant eine Impfpflicht verordnet wird. Dennoch sind auch Impfgegner nicht über jeden Zweifel erhaben; viele von ihnen erweisen sich als nicht weniger intolerant als Impfbefürworter und tragen ihren Teil zur Verhärtung bei. Wer diejenigen, die sich impfen lassen, als gehorsame Idioten denunziert, ist keinen Deut besser als jemand, der Impfgegner als verantwortungslose Verbrecher bezeichnet. Beide beweisen damit zudem, dass sie sich willig die bewusst geschürte Spaltung der Gesellschaft zueigen machen.

Insofern ist Corona nicht nur eine Krankheit, sondern auch ein Demokratietest. Ein großer Teil der Bevölkerung, Impfbefürworter ebenso wie Impfgegner, hat ihn nicht bestanden.

* Anm. 2023:
Heute bin ich überzeugt, dass es ein Fehler gewesen ist.

Die Tragödie junger Aktivisten

Was junge Menschen zumeist auszeichnet, ist ihr Idealismus. Sie sehen eine Welt, in der es ungerecht zugeht, und möchten es besser machen. Hinzu kommt, dass sie die Kraft und Energie haben, diese Aufgabe auch anzupacken. Naturgemäß sind sie in der Regel noch dem Schwarz/Weiß-Denken verhaftet (was zugleich einer der Gründe für ihre Kraft ist: weil sie sich nicht vom Für und Wider lähmen lassen) – die Erkenntnis, dass es in der Welt selten so eindeutig zugeht, kommt ebenso wie die Wertschätzung von Kompromissen erst mit zunehmender Lebenserfahrung.

Aus diesem Grund werden sie zu allen Zeiten von den jeweiligen Eliten manipuliert: wegen ihrer Kraft und weil sie Manipulationen noch nicht so leicht durchschauen. Weil sie anfälliger sind für Appelle an ihr Gefühl. Früher wurden sie vor allem dazu missbraucht, die Kriege der Herrschenden zu führen. Heute ist das nicht anders, nur dass die Schlachtfelder gewechselt haben. Früher wurde ihnen hierzulande eingeredet, die Juden oder die Franzosen seien die Urheber jedweder Ungerechtigkeit und mit Gewalt zu bekämpfen. Heute wird ihnen eingeredet, der Regierungskritiker oder der weiße heterosexuelle Mann sei an allem schuld, gegen ihn sei jedes Verbrechen erlaubt, ihm gegenüber brauche man an sich selbst nicht dieselben Maßstäbe anzulegen, die man an ihn anlegt. Der Hass, den man ihm unterstellt, sei gegen ihn gerechtfertigt.

Jedes gesellschaftliche Thema, das den Herrschenden gefährlich werden könnte, wird seit jeher von diesen kanalisiert. »Immer wenn eine große Krise eintritt, die Potenzial für Umstürze birgt, gilt es für die Elite, sich an die Spitze aller wichtigen Reformbewegungen zu setzen, diese aufzusaugen, zu umarmen oder – wenn beides nicht geht – durch Repression unschädlich zu machen.« [NH 276-277] Wann immer es möglich ist, werden junge Menschen benutzt, um die Interessen dieser Elite durchzusetzen, finanzielle wie ideologische.

Nehmen wir den Klimawandel. Idealistische Jugendliche engagieren sich, um Gutes zu tun, und werden dabei von Milliardären[1], globalen Netzwerken, grüner Partei und Journalisten instrumentalisiert und mit Angstszenarien hysterisiert[2], um die Gesellschaft zu spalten und Geld zu machen (durch Spenden, das Ankurbeln des Marktes für nachhaltige Anlagen, Börsenspekulationen[3]). Millionäre wie George Soros[3] finanzieren die *Extinction Rebellion*, und sicher nicht, weil sie so ein gutes Herz haben. »Die Aufgabe des Unternehmens ist es, Gewinne zu erzielen, Werbeeinnahmen inbegriffen. (...) Es gibt keinen Interessenkonflikt zwischen Klimaschutz und Geldmachen«, erklärt der Gründer der Aktiengesellschaft *We don't have time*[4], die an Greta Thunberg verdient[4,5,6]. Die Organisation *Plant for the Planet* bestimmt über die Finanzen von *Fridays for Future*[6,7,8]. Der Finanzkonzern *Ökoworld* übernimmt die Anwaltskosten für Schulschwänzer und nutzt die Bewegung als Werbung für sich[8]. Der *Climate Emergency Fund*, hinter dem u. a. Familienmitglieder des Ölmilliardärs Getty stecken, finanziert die Aktionen der Klimakleber[9]. Selbst die Antifa hat ihre Hand im Spiel[10,11,12]. Vorgegebene Versatzstücke – neudeutsch Framing und Wording – bestimmen die Sprache der Bewegung[2]. Deren Wortführer stammen aus reichen Elternhäusern und / oder haben starke Lobbyverbände hinter sich[5]. Auf Schüler, die sich nicht am Klimastreik beteiligen wollen, wird mancherorts Druck ausgeübt[13], die Demonstrationen sind weniger spontane Aktionen, vielmehr organisierte Aufmärsche wie früher in der DDR. Überhaupt stammt die Idee, Schüler für das Klima streiken zu lassen, von kampagnenerfahrenen Erwachsenen[6], die eine bestimmte politische Agenda verfechten. Eine selbstbestimmte Graswurzelbewegung sieht anders aus.

Die Aushebelung der Demokratie und die Spaltung der Gesellschaft wird auch dadurch vorangetrieben, dass die Strippenzieher systematisch Junge gegen Alte aufhetzen. Mit Erfolg, wie man an vielen Stellen sehen kann, etwa bei den Hassausbrüchen gegen alte weiße Männer oder bei der Rigorosität, mit der das Gendern durchgedrückt wird. Ein Teilnehmer der Deutschen Journalistenschule beispielsweise lässt seiner Verachtung für die Älteren freien Lauf, indem er »Boomer*innen (…) Angst vor Veränderung« unterstellt und sich freut, dass diese Generation irgendwann weg vom Fenster sein wird[14].

Die Manipulation junger Menschen erfolgt seit Jahrtausenden stets auf dieselbe Art. Immer geht es um gruppenbezogene Menschenverachtung, immer geht es um Feindbilder, immer geht es um den mythischen Kampf des angeblich Guten gegen das angeblich Böse. Und es gehört zu den Tragödien der Geschichte, dass sich ausgerechnet diejenigen, die voller Kraft und Idealismus sind und die Welt zu einem besseren Ort machen wollen, dazu verführen lassen, die Welt mit Hass und Leid zu überziehen.

Die Komplizenschaft der Medien

Die politische Macht hat, wer über die Zulassung von Themen zur Öffentlichkeit entscheidet.

Ulrich Beck

Die Medien haben ihre Rolle als Wächter der Demokratie weitgehend aufgegeben und flankieren die Agenda der Politik, statt sie kritisch zu hinterfragen. In diesem Kapitel werden wir uns näher mit Gründen und Ausmaß ihrer Selbstgleichschaltung befassen, uns der Frage widmen, ob der Vorwurf der »Lügenpresse« berechtigt ist, das journalistische Bekenntnis zum »Haltungsjournalismus« untersuchen und anhand einiger Beispiele von Doppelmoral bei der Berichterstattung sowie einer jährlich wiederkehrenden Diffamierungskampagne sehen, wie verbreitet Sexismus gegenüber Männern im Journalismus ist. Eine Hilfestellung, um mediale Manipulationen zu durchschauen, rundet das Kapitel ab.

Das Meinungskartell

Einseitige Berichterstattung hat es immer schon gegeben, daneben allerdings auch Pluralität in den Medien. In den 1970er und 1980er Jahren fand man zu wichtigen Themen – etwa zum Nato-Doppelbeschluss – fundamental unterschiedliche Ansichten in den Leitmedien und konnte sich als Zeitungsleser und Fernsehzuschauer umfassender informieren als heute. Mittlerweile bilden die Leitmedien jedoch eine Art Meinungskartell und hämmern im Wesentlichen dieselben Botschaften zu Finanzkrise, Flüchtlingskrise, Klimawandel, Rassismus, Feminismus, Coronamaßnahmen, Militarisierung der EU und Ukrainekrieg in die Köpfe der Bevölkerung. Botschaften, die auf wundersame Weise stets den Interessen der Regierung entsprechen.

Stimmen, die den eingeschlagenen Weg infrage stellen, werden ignoriert, die jeweiligen politischen Entscheidungen als alternativlos dargestellt und Gegner des gegenwärtigen Kurses moralisch niedergeschrien. Wobei den Verantwortlichen bisweilen jede Verhältnismäßigkeit abhandenkommt, wenn etwa Claus Kleber vom *Heute-Journal* »Zweifler« für »die Steigerungsform von ›Nationalist‹ und ›Fremdenfeind‹« hält[1]. Der Wissenschaftler Rainer Mausfeld zeigt sich denn auch entsetzt,

»wie hoch mittlerweile der Grad intellektueller Korruptheit und moralischer Verkommenheit im journalistischen Gewerbe ist«. [MK 146]

In Talkshows sehen wir die immer gleichen, einseitig ausgewählten Fachleute. Richtungsstreits, die Pluralität suggerieren sollen, spielen sich in Wahrheit innerhalb eines schmalen Korridors an Meinungen ab. »Der intelligente Weg, Menschen passiv und fügsam zu halten, besteht darin, das Spektrum akzeptabler Meinungen strikt zu begrenzen, aber eine sehr lebhafte Debatte innerhalb dieses Spektrums zu ermöglichen – und sogar kritischere und abweichende Ansichten zu fördern. Das gibt den Menschen das Gefühl, dass freies Denken stattfindet, während die Voraussetzungen des Systems immer wieder durch die Grenzen des zulässigen Bereichs der Debatte verfestigt werden.«[2]

Querdenker, wenn sie denn überhaupt vorkommen, werden durch aus dem Zusammenhang gerissene Zitate vorgeführt, von der Front der anderen Teilnehmer ständig unterbrochen und moralisch diskreditiert. »Geländegewinne im Öffentlichen« werden »nicht durch Abwägung oder Widerlegung von Argumenten gemacht, sondern durch die *vorsätzliche Löschung von Kontext*«. [PW 234, Hervorhebung im Original] Gelegentlich leisten sich Redaktionen ein Feigenblatt auf Seite

13 in der Tageszeitung oder nach 23 Uhr im deutschen Fernsehen, die Stoßrichtung der Leitlinien wird dadurch jedoch nicht angetastet. »Entgegen ihrer Selbstidealisierung als ›vierte Gewalt‹ üben [die Medien] durch ihre politischen und ökonomischen Verflechtungen mit den herrschenden Eliten gegenüber den politischen Zentren keine wirksamen Kontrollfunktionen aus; sie sind keine Wachhunde des öffentlichen Interesses gegenüber den Zentren der Macht, sondern vielmehr ihre Schutzhunde.« [RM 157]

»Nachrichten sind Dinge, von denen jemand nicht möchte, dass sie gedruckt werden. Alles andere ist Werbung.«, heißt es im englischen Sprachraum. [UT 125] Daher begraben die Medien wichtige Themen unter Bergen von irrelevantem Müll, indem sie künstliche Aufreger über Nichtigkeiten wie etwa die Verwendung politisch korrekter Pronomen oder die Installation von Gendertoiletten schüren und damit von den wahren Problemen ablenken. »Die freie öffentliche Debatte ist ersetzt worden durch Meinungs- und Empörungsmanagement«, [RM 14] durch »das moralische Hyperventilieren und den Hang zur Diffamierung Andersdenkender.« [PW 11] Das Prinzip lautet: »Man muss die Bürger mit einer Flut von Informationen überziehen, sodass sie die Illusion der Informiertheit haben.« [Paul Lazarsfeld, RM 33]

Der Medienwissenschaftler Neil Postman hat schon 1985 auf einige Probleme aufmerksam gemacht, die dem Medienzeitalter mit seiner Häppchenmentalität, seiner Beliebigkeit, dem Schielen nach schneller Aufmerksamkeit und der Tatsache, dass »jedes Thema als Unterhaltung präsentiert« wird, [NP 110] innewohnen: »Fakten drängen sich ins Bewusstsein und werden von anderen wieder verdrängt, und zwar mit einem Tempo, das eine eingehende Prüfung weder zulässt noch fordert.« [NP 90] Wir werden mit Neuigkeiten überhäuft, die mit unserem Leben kaum noch etwas zu tun und daher auch keine Konsequenzen haben, womit, in Postmans Worten, »der Belanglosigkeit, der Handlungsunfähigkeit und der Zusammenhanglosigkeit Eingang in den Diskurs« verschafft wird. [NP 85] »Wo es keine Kontinuität und keinen Kontext gibt, können Bruchteile von Informationen nicht zu einem verständigen und konsistenten Ganzen integriert werden.« [Terence Moran, NP 169] Was manche Medienmacher natürlich auch bewusst einsetzen: »Ein Sinnzusammenhang von Fakten lässt sich durch eine fragmentierte Darbietung gleichsam auflösen oder unsichtbar machen.« [RM 27]

Längst haben sich Journalisten mit den Mächtigen arrangiert und teilen deren Weltsicht. Da sie sich im Besitz der allein selig machenden Wahrheit sehen, verzichten sie zunehmend darauf, ausgewogen zu berichten, sondern ziehen es vor, ihr Publikum zu belehren. »Die Selektion, Einordnung und Gewichtung von Informationen, Nachrichten und Ereignissen verläuft bei bestimmten Informationen und Themen *medienübergreifend dauerhaft* und *weitestgehend* nicht mehr nach journalistischen Standards, sondern nach Weltanschauungen und Glaubensüberzeugungen.« [MK 26, Hervorhebungen im Original] Konsequenz: »Eine Berichterstattung erfolgt, die vorgibt zu sagen, was ist, aber dabei unaufhörlich sagt, was sein soll.« [MK 9]

Die ehemaligen NDR-Mitarbeiter Friedhelm Klinkhammer und Volker Bräutigam beschreiben die Öffentlich-Rechtlichen als tendenziös, defizitär, agitatorisch, propagandistisch und desinformativ, [GK 393] und bei den Printmedien sieht es nicht anders aus. Heutzutage wird überwiegend Kampagnenjournalismus betrieben; keine gesellschaftspolitische Entscheidung kommt mehr ohne massive Meinungsmache zustande. [GK 393-394] »Macht ohne Verantwortung«, nennt es der Journalist Thomas Leif[3].

Der propagandistische Inhalt der Sendungen und Artikel wird flankiert von ebensolchen Sprachregelungen (Freiheitskämpfer – Terroristen, bürgernah – populistisch, engagiert – fanatisch, ganz zu schweigen von Konstrukten wie »gendergerecht«, »Kompetenzzentrum« oder »Protestwähler«), deren Verwendung die Verantwortlichen stets leugnen oder zumindest bagatellisieren wie *ARD Aktuell*- und *Tagesschau*-Chefredakteur Kai Gniffke: »Wertende Beschreibungen gibt es nicht. Einordnende Beschreibungen hingegen sind für das Publikum (...) hilfreich.« [GK 423]

Die Ursachen

Der Niedergang des Journalismus hat mehrere Ursachen. Zum einen führt der wirtschaftliche Aderlass durch den Rückgang von Auflagenhöhe und Werbeeinnahmen und der damit verbundene Stellenabbau zu Angst um den Arbeitsplatz und daher zu Anpassung. Verlage gehen bankrott, Zeitungen werden eingestellt, und aufgrund des resultierenden Konzentrationsprozesses müssen Journalisten damit rechnen, schon morgen bei einer Redaktion zu landen, die sie heute noch kritisieren. Das lässt sie vorsichtig werden und den Schutz der Herde suchen. [TM 26-27]

Es wäre allerdings verfehlt, für den verbreiteten Rudeljournalismus lediglich wirtschaftliche Probleme verantwortlich zu machen. Schon 1994 belegte eine Studie, dass sich Journalisten in erster Linie nicht etwa vor Ort, an den Quellen, sondern bei Kollegen informieren. [GK 152] In den Medien hat »sich ein Grad der Homogenisierung und ideologischen Uniformität ergeben, der wohl auch im historischen Maßstab seinesgleichen sucht«. [RM 159] »Alle Journalisten verfolgen (...) die Gewichtung und Bewertung des aktuellen Geschehens durch ihre Kollegen. (...) Das (...) beschleunigt die Meinungsbildung im Journalismus«, deshalb »entstehen (...) gemeinsame Überzeugungen, die sich wechselseitig bestätigen und zu Wahrheitsansprüchen verdichten.« [HMK 21] Kein Wunder also, dass das journalistische Establishment weitgehend in einer Filterblase lebt.

Der US-amerikanische Statistiker Nate Silver bescheinigt der medialen und politischen Elite einen Hang zu Gruppendenken und Herdenmentalität, aus dem sich ein sich-selbst-verstärkender Meinungskonsens ergebe, der kaum mehr zu erschüttern sei. Widersprechende Realitäten würden übergangen oder umgedeutet werden, bis sie in die kollektive Sichtweise passen[4]. »Wenn die Massenmedien ihrem traditionellen Anspruch auf Aufklärung (…) gerecht werden wollten, müssten sie ihrem Publikum den Dissens zumuten. Gleichgesinntheit ist der größte Feind der Aufklärung.« [NB 30]

Die Uniformität journalistischer Ansichten hat seine Ursache auch in ähnlicher Herkunft, ähnlicher Sozialisation und ähnlichen politischen Überzeugungen. Deshalb werden Ansichten, die denen der Grünen widersprechen, in manchen Redaktionen nicht akzeptiert. [GK 423] Denn 30 bis 40 Prozent der Politikjournalisten fühlen sich den Grünen zugehörig, weitere rund 20 Prozent der SPD, was eine Unausgewogenheit der in den Medien vertretenen Ansichten zur Folge hat[5]. Gewiss, politische Unausgewogenheit ist ein alter Hut[6], aber fatal in Zeiten, in denen die Pluralität der Medien verloren geht.

Einer aktuellen Umfrage zufolge stehen 92 Prozent der Volontäre der ARD jenen Parteien nahe, die die feministische Agenda betreiben, darunter 57,1 Prozent den Grünen[7]. Nicht ganz unwichtig sein dürfte auch, dass vier der sechs größten deutschen Zeitungs- und Zeitschriftenverlage von Frauen beherrscht werden, die sich hinsichtlich der Befürwortung von Frauenquoten einig sind, nämlich Liz Mohn (Bertelsmann, Gruner & Jahr), Friede Springer (Axel Springer), Yvonne Bauer (Bauer Media) und Petra Grotkamp (WAZ, jetzt Funke Mediengruppe). Eine Analyse der Besitzverhältnisse der Zeitschriftenverlage gelangt zu der Einschätzung, dass fast alle Milliardenkonzerne der Branche mehr oder minder feministische Gruppierungen sind[5].

Die zunehmende Verflechtung mit der Politik ist dafür verantwortlich, dass Journalisten zu Hofberichterstattern verkommen. Der Rechercheur Hans Leydendecker konstatiert, es gebe »immer öfter komplizenhafte Verstrickungen zwischen Wirtschaftsführern, Politikern, Werbeindustrie und Journalisten«. [UK* 23] Bereits »die deutschen Journalismuseliten der Jahre 2007 – 2009 waren vielfältig mit Eliten aus Politik und Wirtschaft verflochten«. [UK* 149] Das führt mitunter dazu, dass Alpha-Journalisten glauben, mitregieren zu können: »Offenbar sind ihre Leitartikel und Kommentare mindestens ebenso sehr an die jeweils Mächtigen adressiert wie an ihr eigentliches Publikum, (...) sie sind also Kommunikation innerhalb der Elite, an der man die Öffentlichkeit teilhaben lässt.« [UT 73]

Der Einfluss der Politik auf die Berichterstattung wird standardmäßig geleugnet, obwohl es mittlerweile Beweise zuhauf dafür gibt, dass Journalisten angehalten sind, positiv über Regierungspolitik zu berichten. Beispielsweise durch einen offenherzigen Fauxpas der WDR-Mitarbeiterin Claudia Zimmermann, die anschließend auf Druck ihrer Vorgesetzten zurückzurudern versuchte. [GK 393] Oder durch den SWR-Mitarbeiter Ole Skambraks, der die systematische Diffamierung von Regierungskritikern öffentlich machte und dafür entlassen wurde[8]. Wolfgang Herles, ehemaliger Redaktionsleiter beim ZDF, bestätigt ebenfalls die Regierungsnähe der öffentlich-rechtlichen Rundfunkanstalten: »Die Themen, über die berichtet wird, werden von der Regierung vorgegeben. (...) Also wir gehen der Agenda auf dem Leim. Und es gibt tatsächlich (...) Anweisungen von oben. (...) Die gab es auch zu meiner Zeit. (...) Heute darf man nichts Negatives über die Flüchtlinge sagen. Das ist Regierungsjournalismus, und das führt dazu, dass die Leute das Vertrauen in uns verlieren.« [GK 393]

Bekannt sind auch die sogenannten Hintergrundkreise, intime Zirkel, in denen sich Politiker mit Journalisten treffen, euphemistisch gern als »informeller Meinungsaustausch« apostrophiert. [UK 106-110] Einerseits nützliche Informationsquellen, die jedoch schnell zu Komplizenschaft ausarten. Darüber hinaus werden immer wieder ausgesuchte Journalisten zu Geheimtreffen ins Kanzleramt geladen. Nachdem das Verwaltungsgericht Berlin im Jahr 2019 entschied, dass »Termine, Themen, Teilnehmer und Orte« dieser Treffen öffentlich bekannt gegeben werden müssen, beschwerte sich das Kanzleramt, die Regierung müsse die Möglichkeit behalten, unter Ausschluss der Öffentlichkeit zu prüfen, »inwieweit bestimmte politische Positionen medial vermittelbar sind«. [GK 492]

Nicht zuletzt ist es einer kritischen Haltung gegenüber Regierungsmaßnahmen und somit der Unabhängigkeit des Journalismus abträglich, wenn Medien personell aufs Engste mit der Politik verflochten sind, wenn also beispielsweise Joachim Sauer, der Ehemann der damaligen Bundeskanzlerin Angela Merkel, im Kuratorium der *Friede Springer Stiftung* sitzt, oder wenn mit Ulrich Wilhelm ein Mann Intendant des Bayerischen Rundfunks wird, der mehrere Jahre lang Chef des Presse- und Informationsamtes sowie Pressesprecher der Bundesregierung war, wo er durch seine »unbedingte Loyalität zu Angela Merkel« auffiel. [GK 393] Das Ausmaß an Medienbeteiligungen der SPD, die durch das *Redaktionsnetzwerk Deutsch-*

land Einfluss auf mehr als 50 Tageszeitungen nimmt, ist auch nicht gerade ein Garant für Meinungsvielfalt. [GK 393-394, 492] Und die Rundfunk- und Fernsehräte sind parteipolitisch ausgerichtete Kungelrunden, in denen von Staatsferne nicht die Rede sein kann. [GK 423]

Die Nähe zur Politik scheint darüber hinaus die Bequemlichkeit so manches Journalisten zu fördern. Die Kommunikationswissenschaftlerin Barbara Baerns wies bereits in den 1980er Jahren anhand der Gegenüberstellung von landespolitischer Öffentlichkeitsarbeit in NRW und der Berichterstattung über landespolitische Themen in der Presse nach, dass 60 bis 70 Prozent der Berichterstattung auf die Öffentlichkeitsarbeit der Landesregierung zurückgingen und Texte häufig Wort für Wort übernommen wurden. [HA 180]

Ein weiteres Problem liegt darin, dass sich Redaktionen kaum noch Auslandsbüros leisten. Die Lücken füllen Nachrichtenagenturen. Diese »gelten (...) als vertrauenswürdige (...) Anbieter wichtiger Informationen. Sie sind aber bloß (...) privatwirtschaftliche Unternehmen, Informationsverkäufer, profitorientierte Gesellschaften mit beschränkter Haftung.« [Volker Bräutigam, RT 118] Global gesehen handelt es sich dabei lediglich um drei Agenturen, die zudem die Interessen westlicher Regierungen und Geheimdienste vertreten[9]: [GK 393-

394] Associated Press (USA), Agence-France (Frankreich) und Reuters (Großbritannien), für Deutschland kommt noch die Deutsche Presse-Agentur (dpa) hinzu. Auch diese Reduktion führt vermehrt dazu, dass alle Zeitungen dasselbe schreiben. Manchmal gleichen sich die Titelseiten bis in die Aufmachung hinein[10].

Zusammenfassend lässt sich sagen, dass die Leitmedien ein Paralleluniversum kreieren, das mit der Wirklichkeit der Menschen im Land kaum noch etwas gemein hat. »Medien sorgen dafür, dass politische und soziale Realität nicht Teile eines offenen diskursiven Prozesses sind. Stattdessen definieren sie und eine überschaubare Anzahl von ihnen zugewandten Experten Wirklichkeit – die sie dann gemeinsam mit den Entscheidern der Politik als unverhandelbar deklarieren.« [MK 9] Diese Art Medien sind somit Teil des Problems und alles andere als die viel beschworene vierte Gewalt, die den Herrschenden auf die Finger sieht und auf Fehlentwicklungen aufmerksam macht. »Die Wachhunde der Demokratie sind zu den Lordsiegelbewahrern unserer Zeit mutiert. Ein Journalismus ist entstanden, der sich wie ein Schutzmantel um die politischen Weichensteller legt. (…) Die mentale Korruptheit, die das journalistische Feld durchzieht, stellt eine Gefahr für die Demokratie dar.« [MK 9] »Journalismus fällt (…) als Frühwarnsystem für Fehlentwicklungen regelmäßig aus.« [UK 65]

Das Imperium schlägt zurück

Das Publikum, das heute aufgrund von Alternativmedien in der Lage ist, die Arbeit der Journalisten zu überprüfen und zu vergleichen, übt immer vernehmlicher Kritik an deren verheerender Berichterstattung und bringt dies auch deutlich zum Ausdruck: in Kommentaren, Beschwerdebriefen, Protestaktionen, indem es Zeitungsabos kündigt, den Fernseher ausschaltet und sich anderweitig informiert. Wie gehen Medienmacher damit um?

Solange es keine Gegenöffentlichkeit gab, interessierte die Meinung der Leser und Zuschauer wenig, in erster Linie zählte der Applaus der Kollegen. Kein Wunder, dass es kaum einen zweiten Berufsstand gibt, der sich derart über seine Zielgruppe überhebt. [GK 423] Den Dünkel der Mainstreamjournalisten kann man sehr schön an deren Reaktion auf Kritik ablesen. Isabell Hülsen vom *Spiegel* beispielsweise unterstellt Menschen, die den Medien explizit vorwerfen, dass sie komplexe Sachverhalte vereinfachen und nicht umfassend informieren, sie wären mit der Berichterstattung überfordert. [GK 458] Bei einem Pseudo-Dialog der ARD mit Bürgern, einem Dialog, der im Übrigen erst auf massiven Druck von der Straße zustande kam, hieß es, man könne es nicht »jedem Einzelnen überlassen, sich eine Meinung zu bilden, welcher Wissenschaftler recht hat«, damit »überfordere« man das Publikum[11].

Überhaupt geht Kritik so manchem »an die journalistische Ehre« (WDR-Intendant Tom Buhrow), [MK 11] und dann werden Journalisten schnell beleidigend, ausfallend, arrogant. Wer etwas anders sieht als die Torwächter der Meinungen, muss mit Beschimpfungen oder diffamierenden Artikeln rechnen. NZZ-Journalist Heribert Seifert spricht hier in Analogie zum »Wutbürger« von »Wutjournalisten«[12]. »Der Begriff ›Medienkritik‹ kommt in der Welt des Journalismus im Grunde nicht vor. (…) An seiner Stelle steht (…) fast immer das Wort ›Medienschelte‹. So nennen sie jede Art von Kritik (…), ganz gleich, ob es sich dabei um sachliche Einwände oder vernichtende Abwertung (…) handelt.« [TM 32]

ARD- und ZDF-Journalisten hören insbesondere das Wort »Staatsfunk« nicht gern und beschweren sich, dass ihnen damit unterstellt werde, »dass wir uns politisch steuern lassen. (…) Wir fragen uns, warum Sie mit solchen Äußerungen unsere Arbeit verunglimpfen und sich damit selbst in die Nähe von Rechtspopulisten stellen.« Merke: Kritik an der Staatsnähe von ARD und ZDF ist automatisch Rechtspopulismus. Und das, obwohl selbst die Arbeitsgemeinschaft der öffentlich-rechtlichen Redakteursausschüsse davor warnt, »den Versuch der Einflussnahme auf die Berichterstattung des ZDF zu verharmlosen«.[GK 423]

Demokratie und Meinungsfreiheit sind für viele Journalisten wahlweise Lippenbekenntnis, nämlich wenn sie sich als Bollwerk gegen »rechts« inszenieren, häufig jedoch ein Schimpfwort. Christian Bommarius von der *Frankfurter Rundschau* und der *Berliner Zeitung* etwa äußert sich verächtlich über Menschen, denen Meinungsfreiheit am Herzen liegt (»alles, was sich derzeit sonst noch auf dem Markt intellektueller Unredlichkeit und trostloser Unanständigkeit tummelt«), und bekommt dafür den 10. Platz als Journalist des Jahres 2016 des *Medium Magazins* zugesprochen, weil er mit seinem Artikel beweise, »was für ein formidabler streitbarer Kämpfer für Demokratie, Bürgerrechte und Meinungsfreiheit« er sei. [GK 393-394]

Wortreich verwahren sich Journalisten auch gern gegen die Vorstellung, sie würden von der Regierung oder einer anderen Stelle zentral gelenkt werden, eine Vorstellung, die ohnehin nur wenige teilen dürften, weshalb das Beharren auf diesem Punkt eher ein Strohmannargument ist, um der eigentlichen Kritik aus dem Weg zu gehen. »Selbstverständlich sagt Claus Kleber die Wahrheit, wenn er versichert, dass niemand ihm irgendwelche Vorschriften mache. Aber (…) Claus Kleber ist dort, wo er ist, weil er so denkt und spricht, wie er denkt und spricht.« [UT 169]

Der journalistische Unwille, sich mit Beschwerden auseinanderzusetzen, hat dazu geführt, dass immer öfter Kommentare unter Artikeln gelöscht werden, und zwar keineswegs nur Pöbeleien, sondern selbst sachlich vorgetragene Kritik. Ignoriert werden auch medienkritische Bücher und Artikel von Fachleuten, von denen einige Teil des Systems waren und wissen, wovon sie reden. Wenn es den Damen und Herren Journalisten zu viel wird, werden auch schon mal Kommentarfunktionen komplett abgeschaltet.

Eine weitere Strategie, der Kritik zu begegnen, besteht darin, das Problem durch zweifelhafte Glaubwürdigkeitsstudien wegzuwischen: Es ist ja gar nicht so, wie ihr alle sagt! Mit suggestiven Fragen, vagen Formulierungen und anderen unwissenschaftlichen Methoden wird eine Umfrage nach der anderen durchgeführt, nach der angeblich die Mehrheit der Bundesbürger mit den deutschen Leitmedien zufrieden sei. [GK 422-423, 458]

Aus Angst, der massive Protest könnte das Ende der Rundfunkbeiträge bedeuten, ließen sich die öffentlich-rechtlichen Rundfunkanstalten der ARD 2017 von der Sprachwissenschaftlerin Elisabeth Wehling ein Gutachten erstellen, das Framing empfahl, also propagandistische Sprachmanipulation. Mit ideologischen Begriffsrahmungen sollten gesellschaftliche Diskussionen, etwa zur Erhöhung der Rundfunkbeiträge, in die gewünschte Richtung gelenkt werden (»Wenn Sie Ihre Mitbürger dazu bringen wollen, den Mehrwert der ARD zu begreifen (...), dann muss Ihre Kommunikation immer in Form von moralischen Argumenten stattfinden.«). [GK 492-493]

Damit die Hofberichterstatter ihre Meinungshoheit behalten, setzen Politiker seit einigen Jahren alles daran, Leitmedien in Suchmaschinen zu privilegieren. Beispielsweise beschloss die SPD 2017, dafür zu sorgen, dass ARD und ZDF in den sozialen Netzen bevorzugt in die Suchergebnisse gepumpt werden – um »Vielfalt (...) sicherzustellen«! [GK 421]

Das Hamburger Landgericht ging einen anderen Weg, indem es eine neue Rechtsauffassung erfand: Während die Etablierten jederzeit Bloggern unterstellen dürfen, Falschmeldungen zu verbreiten, müssen diese im umgekehrten Fall nachweisen, dass Journalisten absichtlich lügen. »Die Wahrheit, Fakten und Beweise spielen dabei keine Rolle.« [GK 421]

Die Reaktion der Presse auf die wirtschaftliche Talfahrt aufgrund ihres Glaubwürdigkeitsverlustes wiederum besteht nicht etwa darin, ihre problematischen Standards zu hinterfragen, sondern nach staatlicher Förderung zu rufen[13]. [GK 455, 492] Der ehemalige Vorsitzende des Deutschen Journalisten-Verbands, Michael Konken, forderte 2015 eine »Haushaltsabgabe für Printmedien«. [GK 372] Die Politik versuchte zunächst, systemkonforme Zeitungsverlage durch eine Verlagsförderung von »maximal 220 Millionen Euro« zu unterstützen, was jedoch aufgrund einer drohenden Verfassungsbeschwerde wegen Wettbewerbsverzerrung scheiterte. Daraufhin ging Claudia Roth den Weg über Think Tanks, um 2,3 Millionen Euro »zum Schutz und zur strukturellen Stärkung des Journalismus« zur Verfügung zu stellen. Die Jury zeichnete sich vor allem dadurch aus, dass sie in einem deutlichen Interessenkonflikt stand[14,15].

Damit die Hofberichterstatter ihre Meinungshoheit behalten, setzen Politiker seit einigen Jahren alles daran, Leitmedien in Suchmaschinen zu privilegieren.

Armin Laschet (CDU) brachte 2019 einen Gesetzesantrag im Bundesrat ein, nach dem Journalismus gefördert werden soll, wenn er gemeinnützig sei, was dann vorliege, »wenn die Körperschaft der Selbstregulierung durch den Pressekodex und der Beschwerdeordnung des Deutschen Presserates unterliegt«. Dies stelle zwar einen Eingriff in den Wettbewerb der Medienmärkte dar, das

»hohe Gut der Gewährleistung von Meinungs- und Medienvielfalt lässt einen solchen Eingriff aber als zulässig erscheinen«. [GK 492] Robert Habecks Wirtschaftsministerium empfiehlt inzwischen, Zeitungsverleger mit 630 Millionen Euro im Jahr zu unterstützen[16].

Ein weiterer Baustein im Versuch, die verlorene Herrschaft über die öffentliche Meinung zurückzugewinnen, ist der Propagandakrieg. Alternative Informationskanäle im Internet werden pauschal mit inhaltslosen Schlagworten wie »Hate Speech«, »Fake News«, »postfaktisch« und »Populismus« abgewertet, während sich die etablierten Medien das Etikett »Qualitätsjournalismus« umhängen. Dabei hat schon Roger de Weck, ehemaliger Chefredakteur der *Zeit*, festgestellt: »Die wahren Populisten sind die Journalisten.«

Schützenhilfe im Propagandakrieg leisten die scheinbar unabhängigen Faktenchecker, die in Wahrheit nicht nur am Staatstropf hängen, sondern auch personell mit den Leitmedien verflochten sind. Redaktionsmitarbeiter von *Correctiv* kommen beispielsweise von *Spiegel, Stern, Zeit, Bild,* Deutschlandfunk, Arte, ZDF, *Taz, Geo,* Reuters oder *Welt.* [GK 358]

Und weil das alles nicht genügt, setzen Journalisten, unterstützt von Politikern, auf Zensur. Ulrich Wilhelm, ehemaliger Intendant des Bayerischen Rundfunks, fordert drakonische Strafen für Fake News in sozialen Netzwerken. [GK 423] WDR-Journalist Florian Flade verlangt gar eine strafrechtliche Verfolgung von Journalisten, die für den bereits auf fragwürdige Weise verbotenen Sender RT Deutsch tätig sind[17]. Das Bundesinnenministerium richtet ein »Abwehrzentrum gegen Desinformation« ein. [GK 392] Die UN arbeitet gemeinsam mit Konzernen wie Google, Microsoft und Yahoo an einem umfassenden Zensursystem fürs Internet. [GK 386] Die EU verabschiedet eine Richtlinie, die den nationalen Regierungen weitreichende Möglichkeiten einräumt, die Meinungs- und Pressefreiheit einzuschränken. [GK 387-388]

Mit Inkrafttreten des Medienstaatsvertrags üben die Landesmedienanstalten, eigentlich nur für den privaten Rundfunk zuständig, mittlerweile eine Qualitätsaufsicht über Blogger und Youtuber aus. Wenn diese nach ihrer Ansicht »Halbwahrheiten und Verschwörungstheorien« verbreiten, können politisch unerwünschte Inhalte als Falschnachrichten bezeichnet und Änderungen verlangt, Zwangsgelder verhängt oder Websites und Kanäle gesperrt werden. Damit werden an Privatleute Maßstäbe angelegt, denen professionelle Journalisten nicht nachkommen müssen. Informationen darüber, wer die Entscheidungen nach welchen Kriterien trifft, sind öffentlich nicht zugänglich; eine Veröffentlichung interner Maßnahmen sei »nicht sehr sinnvoll«[18].

Auch gegen Abtrünnige aus den eigenen Reihen wird massiv vorgegangen. So wurden kritische Journalisten mit verlogenen Begründungen aus der Bundespressekonferenz geworfen (Boris Reitschuster)[19] oder gekündigt (Julian Reichelt, Katrin Seibold)[8].

Nach alledem wundert einen die Aussage des Wissenschaftsjournalisten und Moderators Ranga Yogeshwar nicht: »China behält eine gewisse Kontrolle darüber, welche Nachrichten ihr Land penetrieren. Das brauchen auch wir, um sicherzustellen, dass nicht das Betriebssystem unseres Landes gestört wird.« [GK 419]

Lügenpresse?

Medienkritiker haben wieder und wieder festgestellt, dass die Medien ihrem Auftrag nicht mehr nachkommen und in großem Umfang versagen, doch auch sie nehmen Journalisten häufig in Schutz und versuchen den Eindruck zu erwecken, dass die Mehrheit der Berichterstatter in diesem Land zwar gelegentlich bequem, manchmal auch schlampig, aber grundsätzlich guten Willens und vor allem: Opfer des Systems sind. Der eigentliche Grund für den desolaten Zustand der Medien seien nicht die Journalisten, sondern »ein Mediensystem, dass es den einzelnen Journalisten immer schwerer macht, wahrhaftig und nach bestem Wissen und Gewissen zu arbeiten«. [UT 53] Bernd Ulrich erklärt: »Hohes Tempo, große Angst vor Auflagen- oder Bedeutungsverlust, Steigerungszwänge, in denen man steckt oder die man sich einbildet – all das führt dazu, dass im Endeffekt alle ungefähr dasselbe machen.« [TM 147] Medienkritik von innen mit Verweis auf die Rahmenbedingungen, in denen Journalismus heutzutage stattfindet, hat daher oftmals Ventilfunktion: Der berechtigte Zorn derer, die hierzulande für dumm verkauft werden, wird kanalisiert und auf ein ominöses »System« gelenkt.

Es ist wahr, Journalisten sind in Strukturen eingebettet, die sie im Laufe ihrer Ausbildung zu Menschen erziehen, die »richtig denken«. [Rainer Mausfeld, JW 139] Und ja, der Kampf gegen Strukturen, die einen gründlichen und ehrlichen Journalismus erschweren, ist wichtig. Und drittens, noch einmal ja, es ist auch richtig, dass in den letzten Jahrzehnten mit dem Verweis auf »Eigenverantwortung« der Sozialabbau gerechtfertigt wurde [Stephan Hebel, Jörg Becker, JW 81, 193] und deshalb eine gewisse Vorsicht gegenüber diesem Begriff angebracht ist.

Strukturelle Probleme entlassen den einzelnen Journalisten dennoch nicht aus seiner Verantwortung für das, was er tut. Konkurrenz sollte eigentlich eine Branche beleben, und knappe Zeit rechtfertigt keine einseitige Darstellung, in der unhinterfragt Thesen interessengeleiteter Akteure übernommen werden. Darüber hinaus gibt es ohne jeden Zweifel Journalisten, die in Wahrheit verkappte Aktivisten sind mit dem Anspruch, die alleinige Wahrheit zu vertreten. Die Unterdrückung bestimmter Nachrichten wiederum wird gern damit gerechtfertigt, dass sie andernfalls den Falschen nützen würden. Dabei sollte jedem denkenden Menschen klar sein, »dass die Neonazis doch nicht vom Benennen irgendwelcher Zustände profitieren, sondern immer nur von deren Verschweigen«. [BM 69]

Natürlich ist es Unsinn, einer ganzen Berufsgruppe pauschal Lügen zu unterstellen, wie es das Schlagwort

»Lügenpresse« nahelegt. Selbstverständlich gibt es auch heute noch anständige Journalisten, die nach bestem Wissen und Gewissen ihre Arbeit machen, sorgfältig recherchieren und fair und ausgewogen berichten. Es ist allerdings aufschlussreich, wie hartnäckig auch von Medienkritikern versucht wird, das Wort »Lügenpresse« mit einem Tabu zu belegen und als »rechtspopulistisch« zu etikettieren, als Naziwort, obwohl der Begriff auch »eine linke Tradition hat«. [Werner Rügemer, JW 86] Das Schimpfwort sei »ehrenrührig« [Ulrich Teusch, JW 46], denn es »unterstellt einen bewussten Akt. Genau diesen gibt es in den Medien aber ausgesprochen selten.« [Ulrich Tilgner, JW 70]

Tatsächlich? Muss hier wirklich an Claas Relotius erinnert werden, der jahrelang Artikel gefälscht und Personen, Aussagen und Geschichten frei erfunden hat, um erwünschte Klischees zu bedienen? [GK 457-458] Und, nein, er ist kein Einzelfall. Michael Born, der ebenfalls Beiträge frei erfand oder mit bezahlten Komparsen aufpeppte, verteidigte sich schon in den 1990er Jahren damit, dass das kein unübliches Verfahren sei: »Wenn Sie in den Tagesthemen einen Bosnier schießen sehen, das ist gestellt, was sonst!« [GK 168] Dirk Giselmann ist ein weiterer preisgekrönter Schwindler, der u. a. die Protagonistin einer seiner Geschichten frei erfand. [GK 491-492] Das ZDF glaubt, es unterläge der

»künstlerischen Freiheit«, in Dokumentationen willkürlich mit Fakten umzugehen. [GK 457] Regisseurin Elke Lehrenkrauss türkte für den NDR eine angebliche Dokumentation über Prostitution, indem sie Schauspieler mit dialogischen Vorgaben agieren ließ, und verteidigte ihre Inszenierung damit, dass die von ihr geschaffene Realität »eine viel authentischere« sei[1]. Auch Tom Kummer, der mit Copy & Paste arbeitete und Promiinterviews erfand, »um eine tiefere Wahrheit im eigenen Tonfall zu imaginieren«, glaubt an »Realitätssteigerung durch Entfesselung der Fiktion« und sieht sich in bester journalistischer Tradition: »Jedes Kind weiß es mittlerweile: Medien konstruieren Wirklichkeit.«[2,3,4]

Der hausinterne Abschlussbericht des *Spiegel* zum Fall Relotius macht unmissverständlich klar, dass sich auch renommierte Autoren wie Alexander Smoltczyk, Dirk Kurbjuweit und Jörg Römer gelegentlich die Wirklichkeit aus weltanschaulichen und dramaturgischen Gründen zurechtbiegen. [GK 491-492] Und dass es im Journalismus nicht selten um »filmisch erzählte Geschichten« gehe, bei denen »Plots (…) akribisch geplant und Figuren (…) wie bei einem Filmcasting gesucht« werden. [MK 140] Eine aktuelle Studie weist nach, dass es »inzwischen zum journalistischen Standard« gehört, »thesengeleitet zu recherchieren und Storys zuzuspitzen«[5].

Wenn darüber hinaus

- Nachrichten mit Bildern aus anderen Zusammenhängen unterlegt werden wie 2014 Berichte über angebliche russische Kampfpanzer in der Ukraine mit Aufnahmen von 2008[6],
- Bilder willkürlich interpretiert oder zusammenmontiert werden wie beim »Bild des ostukrainischen Kämpfers an der Absturzstelle der MH17, der vermeintlich triumphierend einen Plüschteddy in die Luft streckt« [JW 262] oder beim Bericht über den Trauermarsch nach den Pariser Anschlägen, der angeblich von Staatschefs vieler Länder angeführt wurde, [JW 263]
- Ereignisse medial inszeniert werden wie die helfenden Flüchtlinge beim Hochwasser in Schwäbisch-Gmünd, [GK 393]
- der Freispruch eines Angeklagten wie im Fall Kachelmann ignoriert und so getan wird, als hätte die Tat nur nicht bewiesen werden können, wie es etwa Ex-Bild-Chefredakteur Tiedje, der Evangelische Pressedienst und in dessen Übernahme *Hamburger Abendblatt*, *Hannoversche Allgemeine*, *Berliner Zeitung*, *Neue Presse*, *Leipziger Volkszeitung*, *Kölner Stadt-Anzeiger* und *Welt Online* taten, ganz zu schweigen von der Berichterstattung in der *Bunten*, [GK 341-342, 433, 332]

- ähnlich in Bezug auf Johnny Depp von der Deutschen Welle suggeriert wird, »Frauenfeindlichkeit« sei am Ausgang des Prozesses schuld und nicht etwa die erwiesene Falschbeschuldigung seiner Ex-Partnerin[7],
- der *Tagesspiegel* eine zweiwöchige Kampagne lostritt, in der mit erfundenen Verschwörungstheorien über ein angeblich »rechtes« Netzwerk Kritiker der Coronamaßnahmen mundtot gemacht werden sollen[8],
- Peter Huth von der *Welt am Sonntag* einem AfD-Politiker Worte in den Mund legt, die dieser nicht gesagt hat, [GK 423]
- die Schlagzeile etwas anderes suggeriert als der Inhalt eines Artikels hergibt, z. B. ein Bericht über Raketenangriffe in Syrien mit »Hunderttausende Frauen und Kinder leiden in Homs« überschrieben wird, als würden die Raketen syrischen Männern irgendwie ausweichen[9],
- »eine große Anzahl von Journalisten nicht wahrnehmen wollte oder konnte, dass in unseren Flüchtlingslagern die Männer im wehrfähigen Alter die Mehrheit der Flüchtlinge stellte. (...) Selbst wenn man die Journalisten darauf hingewiesen hat, dann weigerten sie sich, das wahrzunehmen. (...) Es gab die fast konstante Frage, was wir mit den vergewaltigten Frauen machen (...). Unsere

Antwort war einfach: Wir hatten in der ganzen Zeit, die wir hier sind, keinen solchen Fall.«[10],

- die *Tagesthemen* in einem Bericht über eine Demonstration von AfD und Pegida Aufnahmen einer Demonstration rechtsextremer Hooligans hineinschneidet[11],
- der MDR in einem Video, das einen Klimakleber im Griff eines Polizisten zeigt, nachträglich Schmerzensschreie hinzufügt[12,13],
- der NDR in seiner Sendung *Bürgerparlament* behauptet, dort würden nur gewöhnliche Bürger miteinander diskutieren, keine Politiker, und dann eine SPD-Landtagskandidatin unter gefälschter Berufsbezeichnung für die Gendersprache agitieren lässt[14],
- auch die *Rhein-Zeitung* beim Gespräch von Bundeskanzler Olaf Scholz mit angeblichen Bürgern mehrere Mitglieder linker Parteien auswählt, die dann inkognito Fragen stellen[15],

dann sind das nicht Schlampereien oder unabsichtliche Fehler, sondern Lügen. Und wer anders soll dafür verantwortlich sein, als der Journalist, der diese Manipulationen vorgenommen hat? Der Markt? Das System? Der Pollenflug?

Haltungsjournalismus

Die *Neuen Deutschen Medienmacher* sind der Ansicht: »Qualitätsjournalismus bedeutet für viele immer noch: objektiv zu berichten, ohne zu werten. Doch seit immer mehr Rechtspopulisten politisch relevant werden, sollte das Grundverständnis von gutem Journalismus vielleicht überdacht werden.«[1] Der Kolumnist Sascha Lobo formuliert: »Die klassisch-journalistische Trennung von Berichterstattung und Meinung in Zeiten des autoritären Backlash funktioniert nicht mehr.«[1] Philipp Oehmke vom *Spiegel* findet: »Der Neutralitätsjournalismus (...) wirkt heute nicht nur uninteressant und unaufrichtig. Er versagt vor allem in seinem Auftrag als ›vierte Gewalt‹.« Oehmke will einen »entschiedeneren Journalismus in unversöhnlichen Zeiten«[2]. Georg Restle vom *Monitor* der ARD ist der Ansicht, Journalisten sollten aufhören, die Wirklichkeit abzubilden: »Journalismus im Neutralitätswahn – (...) Mein Plädoyer für einen werteorientierten Journalismus.« [GK 457] Und die Chefredakteure des *Stern* sagen klipp und klar: »Was die Klimakrise angeht, ist der *Stern* nicht länger neutral.«[3]

Journalisten rechtfertigen die Aufgabe journalistischer Standards gern damit, dass sie eben investigativ seien. Diese Einschätzung beruht allerdings auf einem Missverständnis. Echter investigativer Journalismus will nämlich Regierungen, Gerichte, Menschenrechtsorganisationen durch die Aufdeckung von Missständen zum Handeln bewegen und nicht sich an der eigenen Macht berauschen. »Der investigative Journalismus zielt auf die Mobilisierung von Institutionen, der Skandaljournalismus auf ihre Umgehung durch die Vorverurteilung von Personen und Organisationen, auf Unterwerfung (...) mithilfe der öffentlichen Empörung.« [HMK 56] Tatsache ist auch: »In Deutschland gab es nie eine Tradition des investigativen Journalismus – im Gegensatz zu den USA oder den romanischen Ländern, in denen man Regierungen grundsätzlich misstraut. Die Deutschen hingegen lieben ihre Obrigkeit, wollen gerne ›die Guten‹ sein.« [Gaby Weber, RT 132]

Dafür brüsten sich Journalisten neuerdings damit, man wolle »Haltung zeigen«. Dieser Selbsteinschätzung liegt ein ähnliches Missverständnis zugrunde. Eine Haltung entsteht, indem man sich kritisch mit etwas auseinandersetzt, und nicht, indem man den Herrschenden nach dem Mund redet. Haltung ist etwas »Selbstdurchdachtes und Selbsterarbeitetes«, etwas »unter Mühen Erworbenes«, kurz: etwas »Eigenständiges« [BM 88] und nicht dieses uniforme Gleichmaß, das heutige »Haltungsjournalisten« auszeichnet.

Vor allem aber: Haltung ist per Definition das Gegenteil von Katzbuckelei. Man beweist sie, indem man etwas riskiert, nämlich gegenüber den Mächtigen, die einem schaden können, und zwar indem man Zivilcourage zeigt und ihnen Widerstand entgegensetzt. Haltung ist mit einem persönlichen Risiko behaftet, und damit ist nicht gemeint, Pöbeleien von Internettrollen ausgesetzt zu sein, sondern in seiner wirtschaftlichen Existenz bedroht oder nachts um vier von den Schergen des Staates wegen eines banalen Tweets abgeholt zu werden. Den Herrschenden nach dem Mund zu reden, nennt man nicht Haltung, sondern Opportunismus. Der heute so vollmundig propagierte Haltungsjournalismus ist in Wahrheit nichts anderes als Gesinnungsjournalismus.

Den Herrschenden nach dem Mund zu reden, nennt man nicht Haltung, sondern Opportunismus.

Es handelt sich also gerade nicht um Haltung, wenn Journalisten über Kritiker von Regierungsmaßnahmen herziehen. Näher liegt eine andere Deutung: »Die knallharte Abarbeitung an den (insbesondere moralischen) Grenzüberschreitungen einzelner Bürger dient zur Kompensierung dessen, was manche Journalisten sich aufgrund ihrer inneren Programmierung nicht trauen (...) anzugreifen.« [MK 209]

Mediale Doppelmoral im Textvergleich

Die Doppelmoral, mit der üblicherweise in den Medien über Männer und Frauen geredet wird, entlarvt sich selbst im direkten Vergleich.

Zum Beispiel: Sextourismus

Der *Cicero* prangert Männer aus gehobenen Gesellschaftsschichten an, »denen eine gefügige Frau dabei hilft, ihr narzisstisches Ego zu befriedigen. Für viele ist Sexurlaub auch eine Flucht aus einer komplizierten Paarbeziehung. (...) Statt Probleme auf Augenhöhe mit der Partnerin auszudiskutieren, steigt der Mann ins Flugzeug und sucht sich ein scheinbar anspruchsloses und gefügiges Mädchen, das seine sexuellen Wünsche erfüllt. Für ein paar Dollar bekommt er das Gefühl, stark und mächtig zu sein. Die Devotheit der jungen Geliebten befriedigt ›einen zusätzlichen sexuellen Trieb der Unterwerfung‹.«[1]

Ulrike Meyer-Timpe zeigt sich bei *Zeit-Online* ähnlich empört: »Sie kaufen sich das Gefühl, mächtig und liebenswert zu sein. Zu Hunderttausenden reisen alljährlich Männer aus dem reichen Norden in die Rotlichtbezirke des armen Südens, wo Sex noch billig zu haben ist.«[2]

Wenn es dagegen um weiblichen Sextourismus geht, sieht die Berichterstattung so aus wie in dem schwülstigen Text von Ariane Barth im *Spiegel* über Jamaika und die Rastakultur, in dem die Ausbeutung durch Frauen zu einem Abenteuer der Freiheit verklärt wird: »Der Männlichkeitskult der Rastafari trifft auf ein schweifendes Frauen-Ich, das der Sittenwandel im Westen hervorgebracht hat: Dieses Reisen in äußere und innere Ferne, dieses weibliche Eindringen in fremde Kulturen mit weiten Sinnen und offener Sinnlichkeit ...« und so weiter. »Rasta sprengt die Fesseln der weißen Moral«, schreibt Barth und schwadroniert vom »poweren schwarzen Milieu«[3].

Auch Sabine Reichel beschönigt in der *Welt* Sextourismus von Frauen in ihrer Rezension eines Films über »eine Frau jenseits der 50, die sich nimmt, was sie will. Und das ist Sex. Richtig so, (...) schließlich ist ein Vorteil des Alters, endlich befreit von Familien- oder Karrierestress genießen zu können.« Auch im wahren Leben würden sich Frauen ja mittlerweile häufiger jungen Männern zuwenden, und auch ältere Frauen »wollen keinen verkrusteten Partner mehr, der einen gemütlichen Lebensabend mit einer Seniorin sucht, die wie Mutti kocht und ihm Haartinktur in die kahlen Stellen reibt.«

Die Besucherinnen des Films würden sich nicht daran stören, dass dort »reiche Touristinnen ihre unausgelebte Libido mit minderjährigen Beach-Boys befriedigen. Immerhin bekommen die ja üppige Mahlzeiten und kleine Geschenke für ihre Dienste.«[4]

Bei männlichen Sextouristen lesen sich die »kleinen Geschenke« dann so wie bei Simone Schmollack in der *Taz*: »Manche Männer stellen sich als eine Art Entwicklungshelfer dar, wenn sie einer Familie Geld geben, mit dem diese dann ein kleines Café oder ein Guesthouse mit ein paar Zimmern in einem Badeort aufbauen kann.«[5]

Während genug Geld für den Aufbau eines Cafés ein Grund zur Empörung ist, da dies ja nur die Ausbeutung durch einen Mann kaschiert, sind selbst Gegengaben, die man nur als Hohn bezeichnen kann, völlig in Ordnung, wenn eine Frau die Ausbeuterin ist: »Praktisch leistet Ilse ihrem jamaikanischen Freund Hilfe, indem sie ihm etwa eine große Pfeife abkauft, und manchmal lädt sie ihn abends zur vegetarischen Pizza ein«, schreibt Annette Bruhns im *Spiegel*[6].

Besonders perfide wird es dort, wo die Opfer des weiblichen Sextourismus auch noch zu Tätern gemacht werden. Boris Kalnoky stellt in der *Welt* deutsche Frauen, die »ihren einsamen Herzen ein wenig Nähe und Wärme«

gönnen wollen, »türkische Gigolos« entgegen, die an der türkische Riviera »Jagd auf die westlichen Frauen und ihr Geld« machten und hofften, durch Heirat den »großen Coup« zu landen. »Das ist der Weg ins Glück für die Männer und in den Ruin für die betroffenen Frauen. (…) Wie viele Frauen auf diese Weise Glück suchen und Unglück finden, das weiß wohl niemand.«[7]

Merke: Wenn frau lügt, dann nur aus edlen Motiven.

Selbstredend gelten auch beim Umgang mit einem Seitensprung verschiedene Standards: »Es gibt noch etwas, das fast mehr verletzt als die Tatsache, dass ein Mann Sex hat mit einer anderen Frau. Das sind die Lügen, die seinen Seitensprung so sicher begleiten wie der Lotsenfisch den Hai. Wobei Männer – bar jeder Schuldgefühle – sogar danach trachten, immer raffinierter zu täuschen«, erklärt uns die Zeitschrift *Freundin*, nur um zwei Sätze später fortzufahren: »Sicher haben auch Frauen Affären. Statistisch gesehen sogar fast so häufig wie Männer. Dennoch unterscheiden sie sich in einem wesentlichen Punkt: Sie tun alles, damit der Partner weder misstrauisch wird noch sich gekränkt fühlt.« Merke: Wenn frau lügt, dann nur aus edlen Motiven[8].

Zum Beispiel: Mord, Amok, Kindsmord

Wie perfide, kaltschnäuzig oder brutal Frauen auch morden, es findet sich immer jemand, der nach Entschuldigungen sucht. *Victim Blaming* ist dabei gern das Mittel der Wahl. Beispielsweise Julia Jüttner im *Spiegel*: »Nicht wenige Frauen verüben einen Mord gleichsam als Befreiungsschlag.« Zitiert wird ein Kriminalpsychologe, der behauptet, »der Mord sei ›der Versuch, eine unerträglich werdende Qual zu beenden.‹ Frauen töten, um sich aus Beziehungen zu befreien, in denen sie geprügelt und gedemütigt würden und aus denen sie keinen anderen Ausweg sähen. ›Männer töten dagegen eher aus Wut, Verlustangst und Eifersucht.‹ (…) Nicht selten töteten Männer gar zweimal: Jeder zehnte nimmt sich nach der Tat das Leben.«[9]

In einem anderen Artikel des *Spiegel* berichtet Julia Jüttner über eine Frau, die ihren fünf Monate alten Sohn erstickte: »Es ist eine Tragödie, die nichts gemein hat mit den Fällen, in denen überforderte Eltern, meist Väter und Stiefväter, im Gewaltrausch ihre Kinder töten. Kinder, die sie zuvor Wochen, Monate lang vernachlässigt und misshandelt haben. (…) Dieser Fall ist vielmehr eine Tragödie, die sich aus den unerfüllten Sehnsüchten einer Frau entwickelte. Einer Frau, die nie Täterin werden wollte.«[10]

Auch die Tötung von Neugeborenen wird im *Spiegel* wegpsychologisiert mit der Behauptung, bei den Täterinnen bestünden »Persönlichkeitsprobleme«, die dazu führten, dass sie eine unerwünschte Schwangerschaft verleugneten und schließlich »von der Geburt überrascht« werden würden: »In einer Panikreaktion kommt es dann zur Tötung des Neugeborenen.«[11]

Das *Hamburger Abendblatt* berichtet unter Bezugnahme auf eine dpa-Meldung über eine Mutter, die ihren achtjährigen Sohn in der Badewanne ertränkte. Das »Merkmal der Heimtücke sei in diesem Fall nicht gegeben, argumentierte die Staatsanwältin [!] Stefanie Gropp in ihrem Plädoyer. Die Mutter habe aus ihrer Sicht in guter Absicht gehandelt. ›Sie sah keinen anderen Ausweg, als sich selbst umzubringen und ihr Kind mit in den Tod zu nehmen, um es nicht unversorgt zurückzulassen. (...) Die schlimmste Strafe hat die Angeklagte schließlich schon bekommen, nämlich das Wissen, dass sie ihren geliebten Sohn getötet hat.‹«[12]

Heike Vowinkel in der *Welt*: »Die Probleme wuchsen ihr über den Kopf. (...) ›Wer sein Kind tötet, will im Grunde sich selbst töten. Die Welt ist diesen Frauen unerträglich geworden‹, sagt [Anwältin und Psychologin] Annegret Wiese und spricht daher auch von einem erweiterten Suizid. Oft haben diese Frauen eine besonders symbiotische Beziehung zu ihrem Kind, aus dem sie sich selbst nicht lösen können, wenn es älter wird. ›Sie wollen es vor allem Übel bewahren.‹«[13]

Martin Lutz, ebenfalls in der *Welt*: »›Damit eine Frau Amok läuft, müssen dem enorme Kränkungen, Demütigungen, Verletzungen vorangegangen sein‹, sagt der Kriminalpsychologe Christian Lüdtke.«[14]

In einem Artikel der *Taz* über eine Amokläuferin, die ihren Mann erschoss, ihren Sohn bewusstlos schlug und mit einer Plastiktüte erstickte, fragt Simone Schmollack nach den Gründen einer solchen Tat und lässt eine Kriminologin zu Wort kommen, die behauptet: »So merkwürdig es klingt, aber ein Teil der Täterinnen tut das aus Liebe. Einige der Mütter, die sich das Leben nehmen, fragen sich vorher: Was passiert mit meinem Kind, wenn ich nicht mehr da bin?« – *Taz*: »Ist das nicht eine narzisstische Haltung?« – Kriminologin: »Das sehen wir Außenstehende so. Aber diese Täterinnen ticken anders. Sie wollen ihrem Kind Leid ersparen, jetzt und in der Zukunft.«[15]

Wie wird dagegen über männliche Kindsmörder berichtet, die ihren Kindern »Leid ersparen« möchten? Zum Beispiel so wie in der *Berliner Zeitung* (nach einer dpa-Meldung) über einen Vater, der einen Abschiedsbrief an die Redaktion der *Bild*-Zeitung geschickt hatte. »Der Mann habe vermutlich an einer krankhaften Ich-Bezogenheit (Narzissmus) gelitten, sagt Isabella Heuser, Direktorin der Charité-Klinik für Psychiatrie und Psychotherapie. (…) Deshalb habe er nahezu gottgleich über das Schicksal seiner Familie bestimmen wollen. (…) Dass jemand einen Abschiedsbrief an die größte deutsche Boulevardzeitung schickt, spreche für eine hochgradig narzisstische Vorgehensweise. ›Dieser Mann wollte bekannt werden und sich rechtfertigen. Er wollte die Bühne dieses Lebens mit einem großen Knall und einer kalkulierten Inszenierung verlassen.‹«[16]

Rache sei ein typisches Grundmotiv, wenn Männer ihre Kinder töteten, behauptet ein Kriminologe in einem Artikel von Hayke Lanwert in *Der Westen* (Funke Medien NRW). »Männer würden Kinder töten, um ihre Frauen zu bestrafen. ›Dass Männer sich an Frauen rächen wollen, indem sie ihre Kinder töten, ist ein durchaus typisches Grundmuster.‹ (…) Typisch vor allem dann, wenn der Tötende die Frau dafür bestrafen möchte, weil sie nicht so mitspielt, wie er es gerne möchte. (…) Solche Situationen entwickelten sich jedoch nicht in einer funktionierenden Beziehung, sondern in Stress-Situationen oder wenn etwa die Frau ankündige, sie wolle sich trennen. Die Rache für solch eine narzisstische Kränkung sei eine der Ursachen für Kindestötungen.«[17]

Zum Beispiel: Männliche Opfererfahrung

Die Empathielosigkeit der Medien gegenüber Männern wird nirgendwo so deutlich wie in Artikeln, in denen es um männliche Opfer geht. So veröffentlicht die überregionale österreichische Tageszeitung *Oe24* einen Bericht über eine Frau, die ihrem Ehemann die Hoden abriss, »weil ihr Gatte keine Hausarbeit machen wollte«, in der Rubrik »Kurioses«[18].

Der *Tag24* (Morgenpost Sachsen GmbH) schreibt: »Schlechter Sex trieb eine 18-jährige Münchnerin zur Weißglut. Nachdem ihr One-Night-Stand sie nicht nach ihren Wünschen befriedigen konnte, ging sie auf ihn los und verletzte den 17-Jährigen schwer. (...) Von nun an sollte der junge Mann vielleicht etwas länger darüber nachdenken, wen er mit nach Hause nimmt, oder sich beim nächsten Mal einfach ein bisschen mehr anstrengen.«[19]

Der *Blick* aus der Schweiz: »Mathelehrerin verführt Schüler (15). Sie brachte ihm das Sexmalsex bei.«[20]

Die *Bild*-Zeitung fragt angesichts des Zusammenlebens eines 42-jährigen mit einer Minderjährigen: »Was treibt die kleine Anne (15) nur immer wieder in die Arme dieses tätowierten Liebesmonsters? Und warum unternehmen die Behörden nichts?« Wenn jedoch eine 24-jährige Lehrerin Sex mit einem 14-jährigen Schüler hat, sieht für dieses Blatt die Sache anders aus. Dann ist die Täterin nicht nur »Amerikas schönste Lehrerin« oder ein »Verführungsbiest«, und ihre Übergriffe werden als »Lust-Schule der schönen Lehrerin« verharmlost, sondern dann nimmt *Bild* die Tatsache, dass sie künftig nicht mehr als Lehrerin arbeiten darf, zum Anlass für den schlüpfrigen Kommentar: »Das werden viele Schüler in Amerika sicher bedauern.«[21]

In der *Amica* pathologisiert Kerstin Kotlar Tennisspieler Boris Becker, der es gewagt hat, die ihm zugefügte häusliche Gewalt öffentlich zu machen. *Amica*: »Woher kommt dieses Geltungsbedürfnis?« – [Paartherapeutin] Bärbel Wardetzki: »Er hat bestimmt eine narzisstische Ader entwickelt. Die Sozialisation als Star führt dazu, dass man sich für etwas Besseres hält.« – *Amica*: »Andererseits gibt Boris Becker mit Aussagen wie ›Barbara hat mich geschlagen‹, ›Sandy hat mich nur ausgenutzt‹ nicht gerade den selbstbewussten Fraueneroberer. Warum?« – Wardetzki: »Er stellt sich jedenfalls als Opfer dar. Ich kann nur geschlagen werden, wenn ich mich schlagen lasse. In so einem Fall hätte die Reaktion sein müssen: Du schlägst mich einmal und nicht wieder. Da hilft es nichts, jetzt die Frau zu verteufeln. Sich hinzustellen und zu jammern, ist reines Opferverhalten.« – *Amica*: »Warum stellt ein Mann sich als Opfer dar?« – Wardetzki: »Entweder um Mitleid zu erregen oder sich an der Frau zu rächen. Opfer wollen immer gerettet werden. Vor allem aber geht es darum, dass Opfer-Männer keine Verantwortung übernehmen wollen. Das Spiel ist immer ein Drama-Dreieck aus Opfer, Täter und Retter. Das Opfer schiebt alle Schuld auf den Täter und möchte sich mit seinem Anteil nicht auseinandersetzen.«[22,23]

Dem ist wohl nichts hinzuzufügen.

Sexistische Rituale

Vatertag. Man könnte Vätern dafür danken, dass sie für ihre Kinder da sind. Man könnte Vätern dafür danken, dass viele von ihnen eine Familie ernähren, die sie selbst kaum zu Gesicht bekommen. Man könnte ganz allgemein Männern dafür danken, dass sie die Gesellschaft am Laufen halten und für unsere Sicherheit sorgen, in Bergwerken und Krankenhäusern, bei Feuerwehr und Polizei, als Dachdecker und Pilot. Man könnte auch einfach mal Vätern dafür danken, dass sie da sind, ohne gleich eine Gegenleistung von ihnen zu verlangen. Einfach so, aus Liebe.

Stattdessen wird der Tag jedes Jahr aufs Neue dazu genutzt, Männer im Allgemeinen und Väter im Besonderen zu verunglimpfen. Statt über die vielen Väter zu berichten, die mit ihren Kindern einen Ausflug machen, echauffieren sich Journalisten lieber über ein paar Betrunkene (von denen die wenigsten Väter sein dürften). Kriminelle Taten, Pöbeleien oder ausländerfeindliche Übergriffe, die das ganze Jahr über vorkommen, werden am Vatertag per Assoziation Vätern zur Last gelegt. Und selbst wenn nichts vorgefallen ist, woran man Anstoß nehmen könnte, schaffen es Journalisten, das Wetter, eine Eiskreation oder eine Theateraufführung zu nutzen, um nur ja kein gutes Haar an Männern zu lassen. Ein Automatismus, der im Folgenden anhand von vierunddreißig Jahren »Berichterstattung« in der *Taz* dokumentiert wird, stellvertretend für alle feministisch indoktrinierten Medien.

Die Neunziger

1990 gibt es eine erfundene Glosse über einen Ostberliner Vatertag mit dem Untertitel: »Ein Saufgelage mit faschistoiden Zügen. Eine regelrechte Hetzjagd auf Frauen wurde veranstaltet.«[1]

1991 lautet ein Artikel »Skins randalierten am Vatertag«[2], obwohl das eine mit dem anderen nichts zu tun hat, ebenso wenig wie die rechtsradikalen Übergriffe, die in einem zweiten Artikel zur »Gewaltspirale am Herrentag«[3] aufgemotzt werden. Und jemand mit dem Kürzel »madonna« salbadert: »Einmal im Jahr träumt man von einer Geschlechtsumwandlung, einmal im Jahr wünscht man sich die Welt voller Frauen, einmal im Jahr ist Vatertag. (…) Schön ist vor allem der Tag danach: Das ist der Tag, der vom nächsten Vatertag am weitesten entfernt ist.«[4]

1992 hält es Dirk Wildt für wichtig zu berichten: »Vatertag: 12 Lastwagenfahrer saufen sich durch die Stadt.«[5]

1993 werden als »Bilanz des Vatertages« Schlägereien, Streitigkeiten und selbst Ruhestörungen aufgezählt[6].

1994 macht Eberhard Löblich aus rechtsradikalen Angriffen von Skinheads »›Ausländerjagd‹ am Vatertag« und lässt es sich nicht nehmen, darauf hinzuweisen, dass die Polizei derweil beschäftigt war, »normale Vatertagsschlägereien« zu schlichten[7].

1995 darf Peter Lerch unter dem Titel »Besoffen wie jeden Tag« Väter als Menschen titulieren, »die ihre oft Jahrzehnte zurückliegenden Beischlafresultate feiern«[8].

1996 wird kurz und pflichtgemäß vom »siebten Himmel« geschrieben, »in den sich die Väter dank mitgeführter Spirituosen bugsierten«[9].

1997: »Vatertagsbilanz: Trinken und Randalieren as usual.«[10] Und eine Andrea Böhm macht sich über Leipziger Wildwest-Fans lustig: »Vatertag am Snake Pit Lake«[11].

1998 werden drei x-beliebige Pressemitteilungen per Überschrift auf Vatertag getrimmt: »Vatertag I: Rechte Randale in Thale«[12], »Vatertag II: Rechte Randale in Magdeburg«[13] und »Vatertag III: Rechte Randale in Mühlhausen«[14].

1999 gab es offenbar nichts zu berichten, deshalb erinnert Barbara Bollwahn an einen Angriff Rechtsradikaler zwei Jahre zuvor: »Wenn Rechte am Vatertag Klein-Hitler spielen.«[15]

Die Nuller

2000: »Während die alten Säcke trinkend den Bollerwagen durch die Lande ziehen, lädt das Schmidts Tivoli zum Vatertags-Special für Freundinnen. Drei Frauen zahlen nur zwei Theaterkarten.«[16]

2001 werden drei zusammenhanglose Taten – zwei Betrunkene griffen zwei andere Männer an, drei Unbekannte schlugen einen Mann zusammen, zehn Jugendliche warfen Flaschen auf einen Mann – zu »Gewaltexzessen am Herrentag«[17].

2002 fragt sich Annette Klinkhardt, ob es Absicht sei, dass die ARD zum Vatertag eine Dokumentation über den Alkoholiker Harald Juhnke zeige, »an dem Tag, an dem sich all die Schlüpferstürmer, kleinen Feiglinge und Johnny Walkers wieder in den Armen liegen und sich gegenseitig versichern, dass sie die Besten sind«[18].

2003 werden zwei Kurzartikel präsentiert, der eine über einen Mann, der eine Flasche von einer Brücke warf[19], der andere von zwei randalierenden Brüdern, die mit einer medizinischen Behandlung unzufrieden waren[20] – Begebenheiten, die zwar nichts mit dem Vatertag zu tun haben, aber wen kümmern schon Details?

2004 lässt sich Felix Lee unter dem Titel »Wehret den Bollerwagen« folgende Zeilen einfallen: »Ein linkes Bündnis protestiert gegen die Vereinnahmung des Vatertags durch Neonazis. Denn in den vergangenen Jahren kam es wiederholt zur Allianz betrunkener Familienväter und grölender Rechter.«[21]

2005: »Vatertag in Dresden – Randale am Elbufer.«[22]

2006 werden ausländerfeindliche Überfälle durch den Titel (»Unfriedlicher Vatertag«[23]) sinnfrei mit Vätern in Zusammenhang gebracht.

2007 lesen wir in zusammenhanglos aneinandergereihten Anekdoten von Ulrich Reineking, dass sich »inmitten der Hauptstadt Tausende von Trinkern in kleinen und großen Formationen durch die Straßen« bewegen und sich offenbar nicht einmal darüber einigen können, »ob diese Orgie des Stumpfsinns und des kollektiven Erbrechens nun Vatertag, Männertag oder Herrentag heißen soll«[24]. Das kann die *Taz* zwar auch nicht, aber Doppelmoral hält besser.

2008 berichtet Lukas Dubro unter der Überschrift »Vatertag in Potsdam«[25] über Handgreiflichkeiten zwischen alkoholisierten Männern und dem Besitzer einer Dönerbude.

2009 interessiert sich Sofia Shabafrouz lieber für Abseitiges statt für die Lebenswirklichkeit von Männern: »Vatertags machen Männer merkwürdige Dinge. Tui bietet beispielsweise Panzerfahrten für ›große und kleine Jungs‹ – inklusive Niederwalzen eines Schrottautos.« Ihr Fazit, obwohl sie zugeben muss, dass rund 40 Prozent der Kunden Frauen sind: »Die Fahrt im Panzer als Freizeitvergnügen – wie sonst das Besäufnis am Vatertag. Nüchtern betrachtet, ist das nur schwer erträglich.«[26]

Die Zehner

2010: »Vatertagsbilanz: 38 Ermittlungsverfahren.«[27]

2011 erzählt Janina Sperling: »Mein Vater, der Trinker.« Eingeleitet wird der Artikel mit »Am Vatertag gehen Männer auf Sauftour. Ganz normal. Aber was, wenn der Vater Schnaps frühstückt?«[28] Und die kontroverse Umfrage »Geht es den Vätern zu gut?«, in der sämtliche Klischees der Mütterindustrie aufbereitet werden, wird eingeleitet mit »Viele Väter verbringen wenig Zeit mit ihren Kindern. Sie toben sich im Beruf aus. Am Vatertag werden sie trotzdem geehrt.«[29]

2012 wird in Ermangelung berichtenswerter Vorfälle unter der Überschrift »Das Vatertags-Wetter« Folgendes zum Besten gegeben: »Bis auf eine Rangelei ›im Bremer Süden‹ (…) blieb der Vatertag bis Redaktionsschluss undramatisch. Sechs junge Männer wurden vorübergehend in Gewahrsam genommen. Ebenso vorübergehend ist zum Glück die derzeitige Kälte.«[30]

2013 wird zum Vatertag über eine Alkoholverbotszone in Göttingen schwadroniert: »Wo saufen subversiv ist.«[31]

2014 darf Katrin Seddig ihren Frauenfantasien die Zügel schießen lassen, wenn sie über den »Vatertag, an dem Männer alle Hemmungen fallen lassen können« berichtet und dabei folgenden Beweis ihrer journalistischen Fähigkeiten antritt: »Wenn ein Junge ein Mann werden will, muss er sich auch mal an die Gesundheits- oder Todesgrenze rantrinken können. Er muss seinen Penis auf einer freien Wiese schwenken und herumpinkeln können. Er muss ferner ein bisschen rumgrölen und jemandem etwas androhen dürfen. Dann muss entweder er sagen können, dass er jemandem aufs Maul haut oder er muss das gesagt bekommen dürfen. Er muss stinkend und verletzt nach Hause kriechen können, denn nur so wird er endlich ein Mann und Vater werden.«[32]

2015 echauffiert sich Hilke Rusch über den »sogenannten Vatertag« unter dem Titel »Sie wollen nerven: Wenn sie eine Liedzeile kennen, dann schreien sie mit«[33] über betrunkene Männer in der Bahn.

2016 ist Erik Peter für das jährliche Männerbashing zuständig: »Wenn Männer sich feiern, werden sie nicht nur für sich zum Problem.« Gemeint ist dies: »Männer, die sich selbst oder gegenseitig schädigen, sind nur eine Seite der Medaille – Frauen, die Opfer von Übergriffen werden, sind die andere.« Im Artikel berichtet Erik Peter über Aktionen von »Berliner FeministInnen, Frauen-, Lesben-, Trans- und Inter-AktivistInnen«, die mit Sprüchen über Männer, »die mackernd durch die Stadt ziehen, uns belästigen und dabei unsere Grenzen überschreiten« herziehen oder fordern, dass »deutsche, heterosexuelle Männer« an diesem Tag nicht mit öffentlichen Verkehrsmitteln befördert werden sollen, um uns anschließend darüber aufzuklären, dass Männer »besonders aggressiv reagierten«, weil sie »Flugblätter demonstrativ zerrissen«, was die friedliebenden Frauen selbstredend mit Wasserbomben beantworten mussten[34].

2017 gibt es einen pubertären Beitrag über eine »Igittigitt«-Eiskreation, die an Trumps Haare erinnere, »passend zum vielerorts hemmungslos begangenen Vatertag«[35].

2018 kotzt Sonja Vogel ihre geballte Männerverachtung unter der Überschrift »Halbstarke am Herrentag« aus (»Mensch, Mann – ganz egal«) mit so schönen Sätzen wie »Männer klumpen am Bierstand, Toilettenhäuschen sind ihnen fremd« oder »Auf einem Hügel im Naturschutzgebiet dann stehen drei Herren mit heruntergelassenen Hosen. Den Blick lassen sie über die Dächer der Toiletten schweifen, in der einen Hand den Schwanz, in der anderen ein Bier.«[36]

2019 findet Eva Müller-Foell, dass das Lied »Egoisten« von Falco »ein schönes Lied zum Herrentag« sei[37].

Die Zwanziger

2020 entblödet sich Katrin Seddig unter der Überschrift »Der ›Vatertag‹ wird 2020 noch gruseliger« nicht, folgendes Szenario zu entwerfen: »Gibt es auch heute viele Frauen, die diesen Feiertag fürchten? Gibt es in vielen Familien diesen späten Feiertagsabend des Hasses und der Gewalt? Das Entsetzen der Kinder, die Angst und die Scham, über einen Vater, der sein Urinieren nicht mehr im Griff hat? Und was feiern diese ›Väter‹ eigentlich? Sich selbst? Indem sie sich betrinken?«[38]

2021 fällt der Vatertag wegen Corona-Lockdown und geschlossener Gastronomie ins Wasser, dadurch werden wir ausnahmsweise vom Sexismus der *Taz* verschont.

2022 erlegt Michaela Dudley ihrem Männerhass keinerlei Hemmungen auf. Während sie unter dem Motto »Vatertag in Deutschland gleicht einem Himmelfahrtskommando für weiblich gelesene Menschen« »die verbale Gewalt und die psychischen Schmerzen, die infolge der unaufgefordert lasziven Bemerkungen und aufdringlichen Blicke bei den Opfern entstehen« bejammert, findet sie nichts dabei, mit verächtlichen Bemerkungen wie »Männern missfällt es, auf den Schwanz getreten zu werden, zumindest außerhalb von Dominastudios«[39] über Männer herzuziehen.

2023 darf sich sogar eine »Volontär*in« namens Franziska Betz unter dem Titel »Vatertag auch für Jesus«[40] über Väter lustig machen, Qualität spielt schließlich beim jährlichen Verhöhnen von Männern keine Rolle.

Zweifellos dürfen wir uns auch am nächsten Vatertag wieder auf die sexistische Tradition der *Taz* freuen.

Handreichung zur Medienkompetenz

In den Medien tobt ein Kampf um die Deutungshoheit. Gegenseitig werfen sich die Betreiber von klassischen Medien und Internetmedien »Fake News« oder »Populismus« vor. Die Grenze verläuft aber nicht zwischen diesen beiden Polen, sondern zwischen seriös und unseriös. Nicht nur junge Menschen, die noch nicht viel Gelegenheit hatten zu vergleichen und im Umgang mit den Medien Erfahrungen zu sammeln, auch ältere wissen oft nicht, wem sie glauben sollen. Wer sagt die Wahrheit, wer hat recht? Wie kann ein und dieselbe Sache diametral entgegengesetzt bewertet werden? Diese Handreichung soll eine Hilfestellung zur Orientierung im Mediendschungel geben.

Es hilft zunächst, sich klarzumachen, was alles *kein* Beweis für Seriosität ist:

- die Zugehörigkeit zu den Leitmedien
- der »gute Ruf«
- Popularität: Auflagenhöhe, Einschaltquote, Follower
- die prahlerische Selbstbezeichnung »Qualitätsjournalismus«

- die Empfehlung anderer Medien oder sogenannter Faktenchecker
- wer und wie viele Medien oder Influencer derselben Meinung sind

All das ist bestenfalls bedingt relevant. Auch langjährige Mitarbeiter angesehener Medien können manipulieren, um den Lesern bzw. Zuschauern ihre eigenen Überzeugungen in die Köpfe zu hämmern, und tun es häufig auch.

Des Weiteren hilft, sich klarzumachen, dass die Welt vielschichtig ist und wir oft genug nur über begrenzte Informationen verfügen, sodass unterschiedliche Sichtweisen auf ein Problem oder einen Gegenstand nicht nur wahrscheinlich, sondern auch berechtigt sind. Selbst wenn man prinzipiell einer Seite zustimmt, lohnt es sich, Andersdenkenden zuzuhören, weil man im Detail Neues erfahren und dazulernen kann.

Drittens hilft es, im Kopf zu behalten, dass auch jemand, dessen Weltbild man teilt, immer seine eigene Agenda verfolgt. Grundsätzliche Übereinstimmung sollte nicht dazu verführen, bedingungslos jedes Wort zu glauben. Im Übrigen sagt es auch wenig aus, welcher Weltanschauung sich jemand zurechnet. Fast jeder Mensch ist überzeugt, für das Gute zu streiten, für Gerechtigkeit, Freiheit, Demokratie. Das sind nur Worte. Erst die Konfrontation mit der realen Welt, mit Konflikten, Widersprüchen, Andersdenkenden, stellt diese Worte auf den Prüfstand und zeigt, wes Geistes Kind jemand ist.

Wenn man diese Grundeinstellungen verinnerlicht hat, hat man schon mal gute Startbedingungen. Bei der Überprüfung eines konkreten Artikels, Podcasts oder Films können dann folgende Strategien helfen:

Frag dich: Wird in dem Beitrag nur emotionalisiert, oder werden die dort vertretenen Ansichten begründet? Und zwar nicht allgemein (»zahlreiche Studien«) oder durch Berufung auf Autoritäten (»in der Fachwelt unbestritten«), sondern konkret? Und sind diese Begründungen auch durch Quellenangaben, die du überprüfen kannst, belegt? Überprüfe sie: Ist wirklich korrekt zitiert worden? Oder ist eine Aussage derart aus dem Zusammenhang gerissen und in einen neuen Kontext gesetzt worden, dass etwas völlig anderes dabei herauskommt, als ursprünglich beabsichtigt?

Selbst wenn dir das, was gesagt wird, glaubwürdig erscheint, begründet und belegt wird – handelt es sich dabei um die ganze Wahrheit? Oder nur um die genehme Hälfte? Was sagt die Gegenseite dazu? Halbwahrheiten sind gefährlicher als Lügen. Wenn du erfährst, A habe B etwas angetan, ergibt das ein bestimmtes Bild. Wenn du herausfindest, dass B zuvor A etwas angetan hat, ergibt das ein völlig anderes Bild.

Ein einfacher Trick, um Klischees und Vorurteile zu entlarven: Ändere die Vorzeichen und spüre, wie das auf dich wirkt.

Die Zugehörigkeit zu einer bestimmten Gruppe rechtfertigt nicht, mit zweierlei Maß zu messen.

Tausche Frauen und Männer, Weiße und Farbige, Rechte und Linke, Alte und Junge, Kriegsparteien. Wie fühlt sich das an, wenn statt gegen andere plötzlich in denselben Worten über diejenigen geredet wird, denen du dich zugehörig fühlst? Lass dir dein Gefühl nicht durch fadenscheinige Begründungen ausreden. Die Zugehörigkeit zu einer bestimmten Gruppe rechtfertigt nicht, mit zweierlei Maß zu messen. Doppelmoral ist keine Tugend, und der Zweck heiligt nicht die Mittel.

Vor allem: Sei kein passiver Nachrichtenkonsument. Recherchiere aktiv nach, wenn dich ein Thema interessiert. Das ist zwar anstrengender, als sich berieseln zu lassen, aber es lohnt sich. Suche nach Originaldokumenten. Jemand hat angeblich etwas Schlimmes gesagt? Sieh nach, ob es eine Aufzeichnung oder ein Transkript der Rede gibt. Eine Studie belegt angeblich dieses oder jenes? Schau sie dir selbst an – viele lassen sich im Internet finden – und überprüfe: Ist sie repräsentativ? Gibt es Interessenkonflikte der Betreiber? Wer wurde befragt: alle, um die es geht, oder nur ein bestimmter Teil? Welche Fragen wurden gestellt, waren die Fragen suggestiv? Geben die Antworten her, was daraus geschlossen wurde?

Wer diese Punkte beherzigt, schützt sich bereits recht gut gegen Manipulationen. Zum Abschluss noch ein paar Hinweise für Fortgeschrittene:

- Entsprechen Überschriften, Zwischenüberschriften, begleitendes Bildmaterial und Bildunterschriften den Fakten des Artikels oder widersprechen sie ihnen?
- Stellt ein beschriebener Zusammenhang wirklich eine Kausalität dar, oder wurde eine Korrelation unbewiesen zur Kausalität erklärt? Dass es weniger Störche gibt und zugleich weniger Kinder geboren werden, ist eine Tatsache, bedeutet jedoch nicht, dass Kinder von Störchen gebracht werden. Dass gut ausgebildete Frauen und prosperierende Nationen Hand in Hand gehen, ist eine Tatsache, aber bedeutet es, dass man nur Frauen besser ausbilden muss, um automatisch einen höheren Lebensstandard zu erzielen, oder bedeutet es, dass eben auch Frauen von einem höheren Lebensstandard profitieren?
- Wird ein unangemessener Rahmen gesetzt, z. B. sachliche Kritik als Feindseligkeit interpretiert

oder eine Gewalterfahrung in der Rubrik »Humor« eingeordnet?

- Wird jemand wegen seiner individuellen Ansicht kritisiert oder aufgrund einer Gruppenzugehörigkeit verurteilt?
- Wird jemand mit verächtlichen Zuschreibungen bedacht, persönlich diffamiert, verhöhnt, beschämt, lächerlich gemacht, pathologisiert oder als Monster geschildert?
- Wird jemand aufgrund bloßer Assoziation in eine moralisch verwerfliche Ecke eingeordnet, beispielsweise weil er mal bei einer Diskussionsveranstaltung zusammen mit jemandem mit extremeren Positionen auftrat (Kontaktschuld)?
- Werden die Ansichten von jemandem korrekt wiedergegeben oder aus dem Zusammenhang gerissen? Wird auf seine Argumente eingegangen oder lediglich widerlegt, was er gar nicht gesagt hat (Strohmann-Argument)?
- Wird jemandem unterstellt, dass er etwas anderes denkt oder beabsichtigt, als er sagt, dass es sich also bei seiner Position nicht um eine legitime Meinung, sondern lediglich um taktisches Kalkül handele?
- Werden Sachverhalte unterschiedlich beschrieben, je nachdem, von welcher Seite sie ausgehen (Demo – Aufmarsch, warnen – drohen, verzweifelt – wütend)?
- Sind in einer Diskussionsrunde alle Positionen

angemessen vertreten oder werden bestimmte Interessengruppen ausgegrenzt? Sind die ausgewählten Personen dem Thema angemessen? Wird eine echte Diskussion zugelassen oder ständig unterbrochen und versucht, die Diskussion zu steuern?

Sei dir stets bewusst: Zu zweifeln ist eine Tugend. Dinge zu hinterfragen, ist eine Tugend. Nichts als gegeben hinzunehmen, ist eine Tugend.

Anmerkung: *Bei diesem Kapitel (»Handreichung zur Medienkompetenz«) verzichte ich auf jedes Copyright. Es ist nicht nur erlaubt, sondern sogar erwünscht, ihn weiter zu verbreiten, ob mit oder ohne Quellenangabe. Meine einzige Bitte ist, dass der Artikel nicht verändert wird.*

Vom Zeitgeist

War die Moderne einer Politik der Gleichheit verpflichtet gewesen, so zeichnete sich die Postmoderne durch ihre Politiken der Ungleichheiten, der Identitäten und ihrer »Diversität« aus. Nicht mehr der Anspruch der Menschen auf einen gewissen Teil des gesellschaftlichen Reichtums sollte befriedigt werden, sondern lediglich ihrer spezifischen Empfindlichkeit eine billige symbolische Anerkennung widerfahren.

Robert Pfaller

Nicht nur die sogenannte Elite, auch die Bevölkerung ist leichtfertig bereit, mühsam errungene Werte preiszugeben. Offenbar hat in den letzten Jahrzehnten ein Mentalitätswandel stattgefunden, der eine nähere Betrachtung verdient. In diesem Kapitel werden wir uns zunächst der Frage widmen, ob die alten Kategorien von »rechts« und »links« überhaupt noch eine Bedeutung haben und was die Sehnsucht nach einem Bedingungslosen Grundeinkommen über unsere Gesellschaft aussagt, ehe wir uns mit dem neuen identitätspolitischen Zeitgeist befassen.

Politischer Wertewandel

Unter Angela Merkel wurden die Grenzen geöffnet und der Atomausstieg beschlossen. Ist die CDU also eine verkappte linke Partei? Nicht wirklich. Wer – durchaus zu Recht – sagt, die CDU unter Angela Merkel sei rotgrün geworden, vergisst, dass zuvor die rotgrüne Bundesregierung unter Gerhard Schröder und Joschka Fischer einen Rechtsruck vollzogen hat, hin zum Neoliberalismus, hin zu einer antisozialen Politik, hin zu Kriegstreiberei. Was wir derzeit haben, mag mit linken Parolen garniert sein, es hat aber mit einer linken Politik, wie sie, sagen wir, vor fünfzig Jahren verstanden wurde, nichts gemein.

Die neoliberalen Reformen, die dafür verantwortlich sind, dass man heutzutage mit einem einzelnen Einkommen kaum noch eine Familie ernähren kann, sind eine Erfindung der Konservativen, auch wenn Helmut Kohl nie gewagt hätte, diese so umfassend durchzudrücken wie die Regierung Schröder / Fischer es mit Hartz IV und der Agenda 2010 getan hat. Dass die Bundeswehr wieder überall auf der Welt Polizei spielen darf, ist ebenfalls ursprünglich eine Fantasie der Rechten. Und dass sich das Glaubensbekenntnis bestimmter Linker, Frauen seien irgendwie engelsgleiche Wesen, die vor jedem Kontakt mit der Wirklichkeit bewahrt werden müssten, prima mit der Zurück-an-den-Herd-Ideologie konservativer Kreise verträgt, sollte ebenfalls einleuchten.

»Nachdem die SPD mit der Agenda 2010 unternehmerfreundlicher geworden war, hat sich die CDU seit 2010 in Sachen Zuwanderung, Mindestlohn, Familienpolitik, Umwelt- und Klimaschutz sozialdemokratischen und grünen Positionen angenähert. So ist in den letzten Jahren de facto jene schwarz-rot-grüne Koalition erwachsen, die auch in Sachen Freihandel, Waffenexporte, Auslandseinsätze und Kampfdrohnen große Schnittmengen aufweist.« [UK 72] »Politiker in der Mediokratie punkten am meisten dadurch, dass sie Grundsatzpositionen aufgeben und sich die Politik des politischen Gegners zu eigen machen.« [PW 145]

In der Tat haben diejenigen, die heute in der linken Bewegung den Ton angeben, ihre Werte an die Elite und die Globalisierungsgewinnler verkauft. Früher bedeutete links zu sein, die Herrschenden zu kritisieren. Heute bedeutet es offenbar, Klassenkampf von oben zu führen, den Herrschenden nach dem Mund zu reden und auf die Abgehängten zu spucken. Und sich für radikal zu halten, bloß weil man Regierungspropaganda mit Fäkalienausdrücken durchsetzt. Früher bedeutete links zu sein: Opposition, heute: Opportunismus. Früher ging man auf die Straße, um gegen den Nato-Doppelbeschluss zu demonstrieren, gegen die Volkszählung oder gegen Berufsverbote, eben gegen Vorhaben der Regierung. Heute geht man auf die Straße, um »gegen rechts« zu sein. Damals ging es bei Demonstrationen um Politik, heute nur noch darum, sich auf die Brust zu trommeln und zu bekunden: »Seht her, ich stehe auf der richtigen Seite, ich bin einer von den Guten!« Und »das Schöne am Virtue Signalling: Es ist sehr billig zu haben.« [BS 40] Man muss nichts dafür tun, seine Tugend nicht durch Taten beweisen, es genügt, sich verbal in einem guten Licht darzustellen.

Dass die Menschen in unserem Land wachsam sind gegenüber Versuchen, eine nationalistische oder ausländerfeindliche Politik zu betreiben, ist erfreulich. Leider trübt ein einseitiger Blick häufig die Urteilsfähigkeit. In zwanzig Jahren mag es wieder anders sein, aber derzeit kommt die eigentliche Gefahr für die Demokratie nicht von den Rechten, zumal die Großindustriellen im Gegensatz etwa zur Weimarer Republik auf globale Märkte setzen und deshalb keinerlei Interesse haben, sektiererische Nationalisten zu unterstützen. Es sind diejenigen, die sich als links gebärden, die immer stärkere Zensurmaßnahmen fordern, Überwachungsprogramme beschließen und die Kontrolle über das Denken der Bürger zu erringen suchen.

Am Ende sind sich die konservativen Spießer, die röhrende Hirsche und gehäkelte Klorollenhalter lieben und auf Kehrwochen und Jungfräulichkeit bestehen, und die linken Spießer, die sich Regenbogenfahnen und Che-Guevara-Poster an die Wand pinnen und auf kultureller Apartheid und sexueller Hilflosigkeit von Frauen bestehen, ähnlicher, als sie glauben.

Es ist deshalb ein Gebot der Zeit, die Meinungsfreiheit mit Zähnen und Klauen zu verteidigen.

Spießer jedweder politischen Couleur eint, dass sie Menschen, die sich nicht ihren beschränkten Vorstellungen von erlaubtem Betragen unterwerfen, mit sozialer Ächtung bestrafen und anderen vorschreiben wollen, in welch schmalem Korridor an zulässigen Meinungen und Verhaltensweisen sie sich aufhalten dürfen. Es ist deshalb ein Gebot der Zeit, die Meinungsfreiheit mit Zähnen und Klauen zu verteidigen. Gegen jede Art von Reaktionären. Auch die von links.

Die heimlichen Bedingungen des Bedingungslosen Grundeinkommens

In manchen Kreisen wird die Idee eines Bedingungslosen Grundeinkommens wie der Heilige Gral zum Glücklichsein gehandelt. Aber ist das wirklich ein erstrebenswertes Ziel?

Die offensichtlichen Fragen, die in diesem Zusammenhang diskutiert werden – Wer arbeitet dann noch im Bergbau, als Minenräumer oder bei der Straßenreinigung? Wer soll das Ganze finanzieren, wo doch immer noch der Satz von Kant gilt: »Wenn die einen genießen wollen, ohne zu arbeiten, so werden andere arbeiten müssen, ohne zu genießen.«? [IK 35] –, sollen an dieser Stelle nicht weiter vertieft werden. Auch die Forcierung des Grundeinkommens durch die Wirtschaftselite, um den Zusammenbruch des Finanzsystems hinauszuzögern, [EW 144-147] ist hier nicht Thema. Stattdessen wird es im Folgenden um die in der öffentlichen Diskussion vernachlässigten Aspekte gehen.

Von einem Leben in Würde, wie es die Piratenpartei behauptet, kann beim Bedingungslosen Grundeinkommen keine Rede sein, im Gegenteil. Almosen haben immer einen entwürdigenden Beigeschmack. Aber es seien ja keine Almosen, wenn einem das Geld zustünde, behaupten die Verfechter dieser Idee. Ändert die Bezeichnung etwas am Sachverhalt? Jeder Empfänger eines Grundeinkommens weiß, dass er der Gesellschaft keinen Gegenwert zurückgibt, sondern auf der Stufe eines Kindes verharrt, das von seinen Eltern ernährt werden muss, weil es nicht in der Lage ist, selbstständig zu überleben. Ein gerechter Lohn, der der geleisteten Arbeit entspricht, ist im Gegensatz dazu nicht zuletzt ein Ausdruck von Wertschätzung.

Zweifellos werden diejenigen, die alles für sozial konstruiert halten, an dieser Stelle einwenden, dass dafür nur die Einstellung der Gesellschaft verantwortlich sei, die Arbeitslose verachtet, dass sich also ein Leistungsempfänger in einer Gesellschaft mit veränderter Einstellung zur Arbeit nicht minderwertig fühlen müsse. Das ist allerdings lediglich ein Glaubensbekenntnis. Im Gegenteil dürfte es ein Grundbedürfnis von Menschen sein, gebraucht zu werden, zumindest niemandem eine Last und vor allem: unabhängig zu sein. Auf eigenen Beinen zu stehen, macht stolz, abhängig zu sein, ist mit Scham verbunden. Nicht zuletzt, weil man sich der Tatsache bewusst ist, dass derjenige, von dem man abhängig ist, jederzeit seine Großzügigkeit einstellen oder zumindest damit drohen und somit Gehorsam einfordern kann. Glücklich wird man nicht, indem man etwas geschenkt bekommt, sondern einzig dadurch, dass man etwas aus eigener Kraft aufbaut. Herausfindet, was man kann. Herausfindet, wo die eigenen Grenzen liegen. Und diese dann überwindet. Glücklich wird man aus Freude über die eigene Entwicklung. Erfüllend ist es, wenn man hart dafür gearbeitet hat, um ein Ziel zu erreichen oder sich einen Wunsch zu erfüllen, und einem dies schließlich aus eigener Kraft gelingt. Um es mit Saint-Exupéry zu sagen: »Wenn ich dir ein abgerundetes Vermögen schenkte, so wie es bei einer unerwarteten Erbschaft der Fall ist, worin würde ich dich dann bereichern? (…) Reicher wirst du nur durch das, was du verwandelst, denn du bist Same.« [SE 425]

Glücklich wird man nicht, indem man etwas geschenkt bekommt, sondern einzig dadurch, dass man etwas aus eigener Kraft aufbaut.

Dazu muss man allerdings bereit sein, Anstrengungen auf sich zu nehmen, Frustrationen auszuhalten, an sich zu arbeiten. Entscheidungen zu treffen und die Konsequenzen dieser Entscheidungen zu tragen, kurz: Verantwortung für sein Leben zu übernehmen.

Die Verteidiger des Bedingungslosen Grundeinkommens behaupten, dass damit Kreativität entstünde, dass Menschen in die Lage versetzt würden zu tun, wozu sie Lust hätten und was vielleicht eher ihren Fähigkeiten entspräche. Wenn das so ist, dann stellt sich die Frage, wer all diejenigen, die das aufgrund von Sozialleistungen bereits jetzt könnten, daran hindert. Schauen wir uns um: Sind die Sozialhilfeempfänger in diesem Land plötzlich alle zu Kreativen mutiert?

In den Großstädten kann man jeden Tag beobachten, wie unglücklich, lethargisch oder gereizt viele von ihnen sind. Mit einem Bedingungslosen Grundeinkommen wird genau das vermehrt geschehen, was man schon jetzt überall erleben kann. Menschen, die existieren können, ohne sich anstrengen zu müssen, sind in der Regel eben nicht diszipliniert genug, ihrem Leben einen selbstgewählten Rahmen zu geben, ihren Tag zu strukturieren, sich eigene Ziele zu setzen, sich zu fordern.

Eines der großen Probleme von Arbeitslosigkeit, das immer wieder von Betroffenen artikuliert wird, ist die Schwierigkeit, einen eigenen Tagesrhythmus zu finden und nicht einfach noch im Bett liegen zu bleiben, weil da draußen sowieso nichts auf einen wartet und es nichts ändert, ob man sofort oder zwei Stunden später aufsteht. Schon jetzt gibt es etliche Menschen, die nicht wissen, was sie mit ihrer Zeit anfangen sollen, die sich langweilen, den ganzen Tag fernsehen oder aggressiv werden und Streit suchen, um die Leere in ihrem Inneren zu füllen.

Zweifellos werden einige Wenige mit einem Bedingungslosen Grundeinkommen im Rücken kreativ sein. Ein bisschen schreiben. Ein bisschen malen. Ein bisschen musizieren. Ein bisschen Theater spielen. Ein bisschen eben. Es steht ja kein Druck dahinter. Wir werden also noch mehr Belangloses von denen bekommen, die es sich leisten können, den Weg des geringsten Widerstands zu gehen. Wie die Kinder reicher Eltern, die sich konsequenzlos mal an diesem, mal an jenem Studium versuchen. Wie Frauen, denen ihre Männer ein kreatives Hobby finanzieren. Wie Menschen, die vieles anfangen und nichts beenden, denen die Motivation, der Mut oder die Kraft fehlt, ihr Leben in dieser Welt in die Hände zu nehmen, und die es deshalb auch in einer besseren nur halbherzig anpacken würden.

Kreativität entsteht nicht im Schlaraffenland. Kreativität braucht Herausforderung. Wer kreativ sein will und dabei scheitert, wird entweder aufgeben, und so jemand hat in der Kunst ohnehin nichts verloren. Oder er wird die Herausforderung annehmen und darum ringen, noch besser zu werden, um sich zu behaupten, neue Wege suchen, um sich durchzusetzen, über das Naheliegende hinausgehen und sich nicht mit Mittelmaß in der eigenen Arbeit zufriedengeben, mit anderen Worten: sich bis zum Äußersten fordern. Das sind die Menschen, die die Welt voranbringen, nicht nur in der Kunst, sondern ebenso in der Wissenschaft, in der Politik, in der Wirtschaft.

Wohlgemerkt: Es soll hier nicht der Not das Wort geredet oder gar behauptet werden, ein Künstler müsse arm sein, um Großes leisten zu können, sondern es soll deutlich gemacht werden, dass die Auseinandersetzung mit der Wirklichkeit die Quelle für Kreativität ist und nicht der Kokon des Müßiggangs. Dies ist nicht der Garten Eden, sondern die Erde. Im Garten Eden bleiben alle Kinder, weil sie in den Tag hineinleben wie die Eloi in H. G. Wells' *Zeitmaschine*. Zum Erwachsenwerden gehört, die Verantwortung für sein Leben zu übernehmen, was voraussetzt, für seine eigene Existenz zu sorgen. Es ist der Umgang mit Schwierigkeiten, der uns wachsen und unsere Persönlichkeit reifen lässt.

Bedingungsloses Grundeinkommen ist, so gesehen, ein Stück Realitätsverweigerung.

Ein Bedingungsloses Grundeinkommen ist, so gesehen, ein Stück Realitätsverweigerung. Es setzt eine unselbstständige, infantile Gesellschaft voraus, die den Zusammenhang zwischen Säen und Ernten nicht wahrhaben will. Deshalb ist es kein Zufall, dass diese Debatte ein starkes Echo ausgerechnet in einer Zeit findet, in der sich viele Menschen vom Staat bemuttern lassen, Opferolympiaden veranstalten und sich ungewohnten Meinungen durch Triggerwarnungen und Safe Spaces entziehen.

Die neue Religion und ihre Hohepriester

1970, zu Zeiten von »Wer einmal mit derselben pennt, gehört schon zum Establishment«, hätten »Nein heißt nein«, MeToo und das reaktionäre neue Sexualstrafrecht einen Aufschrei in der Bevölkerung zur Folge gehabt, Hippies und Kommunarden wären auf die Straße gegangen, um dagegen zu protestieren. Noch 1980 hätte man gefordert, Politiker, die angesichts von Arbeitslosigkeit und Nato-Doppelbeschluss die Umbenennung von Straßennamen und »geschlechtergerechte Sprache« zum Hauptanliegen ihrer Politik machen, ihres Amtes zu entheben. Und 1990 hätten sich die Menschen kaputtgelacht angesichts der Behauptung, es gebe mehr als zwei Geschlechter und es sei »kulturelle Aneignung«, sich im Karneval als Indianer zu verkleiden.

Heute ist all das kaum widersprochene Realität. Diejenigen, die dem Zeitgeist huldigen, schwätzen von Vielfalt und schränken zugleich den akzeptierten Bewegungsspielraum des politischen Diskurses schlimmer ein, als es Traditionalisten je taten, denunzieren Andersdenkende, versuchen Gegenstimmen zum Schweigen zu bringen, denken in Schubladen, entfernen unliebsame Bücher aus Bibliotheken, ebnen die Unterschiede zwischen den Geschlechtern ein, erfinden zwar fünfundsechzig neue Geschlechter, verlangen aber, dass sich all diese Geschlechter identisch verhalten sollen.

Weg mit unterschiedlichen Lebensentwürfen, abweichenden Meinungen, individuellen Entscheidungen! Weg mit den Errungenschaften der Aufklärung, weg mit Kant und Rousseau, weg mit Sachverstand, Kritikfähigkeit und Begründungen! Weg mit Wagemut und Reifeprozessen, weg mit der Bereitschaft zu lernen und an sich zu arbeiten, lasst uns alle in Watte packen und mit Triggerwarnungen, Safe Spaces und Hate-Speech-Kampagnen verhindern, dass Menschen ihren Horizont erweitern oder sich aus der Masse abheben! Vielfalt ist das, was übrig bleibt, nachdem alles weggemobbt wurde, was anders ist.

Im selben Atemzug fordern diese Leute Gleichheit. Nicht Gleichberechtigung – Gleichheit! Als würde man damit nicht Menschen ihrer Kreativität, ihres Strebens nach Höherem, ihres Stolzes auf Erreichtes berauben. Als wüssten wir nicht, wohin Konformismus führt. Als hätten wir in diesem Land nicht genug Erfahrung damit gemacht, was geschieht, wenn Menschen im Gleichschritt marschieren.

Wie kann man überhaupt in einem Atemzug Vielfalt und Gleichheit fordern und nicht merken, dass darin ein Widerspruch liegt? Wie kann man nicht sehen, dass Gleichheit Austauschbarkeit bedeutet? Wie kann man nicht begreifen, dass die Uniformierung des Geistes bedeutet, die Einzigartigkeit eines Menschen zu leugnen?

Und machen wir uns nichts vor, die Politik des Konformismus läuft unweigerlich auf den kleinsten gemeinsamen Nenner hinaus. Der Doktrin der Gleichheitsfanatiker zu folgen, führt nie zu einer Bereicherung, sondern immer zu einer Verarmung des Lebens. Die Besonderheit reiner Knabenchöre wird es nicht mehr geben, seit diese zwangsweise Mädchen aufnehmen müssen. [GK 479] An schottischen Schulen wird der Vatertag aus Rücksicht auf die Gefühle der Kinder von »Alleinerziehenden« und Lesben abgeschafft. [GK 301] Lobende Ausdrücke wie »brillant« oder »scharfsinnig« sollen nicht mehr verwendet werden, weil sie angeblich andere abschrecken und ihnen erschweren könnten, Erfolg zu haben. [GK 442] Geschlechter seien konstruiert, daher darf es keine Unterschiede mehr zwischen ihnen geben, die eine aufregende Anziehung zwischen ihnen bewirken würde.

Vielfalt ist das, was übrig bleibt, nachdem alles weggemobbt wurde, was anders ist.

In den 1980er Jahren wurde einmal problematisiert, dass Soldaten im Vergleich zu Zivildienstleistenden aufgrund ihrer Kasernierung benachteiligt seien. Diskutiert wurde dann selbstverständlich nicht, wie man die Situation der Soldaten verbessern oder was man ihnen vielleicht als Kompensation anbieten könnte, sondern über Möglichkeiten, die Situation der Zivildienstleistenden zu verschlechtern. Das ist es, worauf Gleichheit hinausläuft. Der einfachste Weg, Unterschiede einzuebnen, besteht darin, alle auf das niedrigste Level hinabzuziehen.

Es ist kein Zufall, dass diejenigen, die dem Gott der Gleichheit huldigen, alles tun, um Individualität zu zerstören. Sie propagieren das Hin- und Herwechseln zwischen den Geschlechtern, als sei Geschlechtsidentität lediglich eine Frage der Mode. Sie zerstören die Beziehung zwischen Eltern und Kindern und nehmen den Kindern damit ihre Wurzeln, während sie gleichzeitig die Provisoriumsfamilie glorifizieren[1], deren Zusammenhalt auf eher losen Vereinbarungen gründet. Sie verhindern, dass irgendjemand ungebührlich aus der Masse herausragt, indem sie Preise und Ehrungen wie etwa das Bundesverdienstkreuz quotieren.

Einen Menschen zu lieben bedeutet, ihn in seiner Einzigartigkeit anzunehmen. Wer ihm diese Einzigartigkeit abspricht, der raubt ihm damit seine Persönlichkeit, seine Würde und seine Seele. Wer Individualrechte zugunsten von Kollektiven abschaffen will, der will nicht, dass Menschen sich entfalten und ihre Möglichkeiten entdecken. Der leugnet damit zugleich auch individuelle Verantwortung für die eigenen Handlungen und die Chance, sich zu verändern und an seinen Fehlern zu wachsen. Wer Respekt fordert, zugleich aber mithilfe von politischer Korrektheit Meinungsdiktatur betreibt, wer Verschiedenartigkeit propagiert und auf Gleichschaltung zielt, wer von Freiheit schwatzt und Unterordnung meint, gibt lediglich geistige Armut als Reichtum aus. Im Würgegriff der Demagogen ist Vielfalt zu einem Begriff geworden, mit dem genau das zerstört wird, wofür die Sprachverdreher angeblich eintreten. Und sie tun all das, weil sie den Unterschied zwischen Vielfalt und Beliebigkeit nicht begreifen.

Ihren Kritikern unterstellen sie, Diversität in der Gesellschaft verhindern zu wollen. Wer ist wohl eher für Vielfalt – derjenige, der dem anderen zubilligt, seinen Lebensweg selbst zu bestimmen, oder derjenige, der ihm vorschreiben will, wie er zu leben hat? Derjenige, der Menschen ermuntert, zu unverwechselbaren Persönlichkeiten heranzureifen, oder derjenige, der sie zu einer gesichtslosen Masse formen will, zu eingeschüchterten Jasagern, die ängstlich darauf bedacht sind, nicht aufzufallen? Es ist kein Zufall, dass diese Bewegung so bereitwillig von Politik und Wirtschaft gefördert wird. Das Ideal der Herrschenden ist der entwurzelte Mensch, denn nur er ist jederzeit ausbeutbar in einer Welt globaler Gleichgültigkeit.

Seit Neuestem wird in vielen Verlagen in vorauseilendem Gehorsam das sogenannte »Sensitivity Reading« durchgeführt. Gesinnungskrieger suchen mit Argusaugen nach verfänglichen Worten, damit das Buch später nirgends aneckt oder gar die Gesellschaft herausfordert. Wäre ja noch schöner, wenn Literatur provozieren würde! Diejenigen, die hier eine lukrative Marktlücke entdeckt haben, behaupten, ihre Arbeit würde zu mehr Vielfalt führen. Wie das? Nachträgliches Herumpfuschen im Text ermuntert keinen Autor zu ungewöhnlicheren Figurenkonstellationen oder einer vielschichtigeren Sprache, denn das »Sensitivity Reading« wird ja lediglich auf bereits fertige oder zumindest halbfertige Manuskripte angewendet, deren Inhalt dann auf die politisch korrekte Linie zurechtgesäbelt wird. Und nicht nur, dass die »Sensitivity«-Aktivisten für Gruppen sprechen, die nicht darum gebeten haben und häufig auch anderer Meinung sind[2,3], perfider ist, dass diese Aktivisten den Autoren, indem sie deren Texte auf »Sexismus« und »Rassismus« untersuchen, charakterliche Defizite unterstellen und so eine Unkultur des Misstrauens schaffen.

Wie kann überhaupt jemand an Identitätspolitik glauben? Wie kann jemand überzeugt sein, dass wir Sklaven unserer Gene sind, Gefangene des Kollektivs, in das wir zufällig hineingeboren wurden, dass wir ausschließlich die Interessen von Unseresgleichen vertreten, nie die Perspektive wechseln, nie dazulernen? Und warum glauben diese selben Leute dann, dass man seine sexuelle Identität nach Tageslaune wechseln könnte? Warum heißt es eigentlich Identitätspolitik, wo sich deren Verfechter doch gerade dadurch auszeichnen, dass sie über keine eigene Identität verfügen, sondern sich ausschließlich durch ihre Zugehörigkeit zu Gruppen definieren?

Das Ideal der Herrschenden ist der entwurzelte Mensch, denn nur er ist jederzeit ausbeutbar.

Mehr noch: Indem sie der Suche nach den eigenen Wurzeln eine verdächtige politische Tendenz unterstellen, besetzen sie bestimmte Identitäten mit Angst. Literatur und Kunst des westlichen Kulturkreises zu schätzen, Ovid, Goethe, Shakespeare kennenzulernen, sich auf abendländisches Denken einzulassen und mit abendländischen Werten auseinanderzusetzen, wird als anrüchige Beschäftigung mit den verhassten alten weißen Männern verunglimpft. Das Schwenken von Deutschlandfahnen während eines Fußballspiels gilt als Beweis für eine finstere Gesinnung. In Kitas wird auf christliche Rituale verzichtet, Begriffe wie »Weihnachten« darf man nur noch schamhaft aussprechen, weil sie angeblich jemanden, der aus einem anderen Kulturkreis kommt, verstören könnten. Aber wer die eigene Kultur verleugnet und die eigene Vergangenheit auslöschen will, hat keine Zukunft. Wer bereitwillig seine Wurzeln kappt, verkümmert. Warum sollte es einen Christen stören, wenn Muslime den Ramadan begehen? Warum sollte es Muslime stören, wenn Christen Weihnachten feiern? Durch eine fremde Kultur fühlt sich nur der bedroht, der keine eigene hat.

Wer die eigene Kultur verleugnet und die eigene Vergangenheit auslöschen will, hat keine Zukunft.

Absurderweise setzen die Gesinnungskrieger gleichzeitig alles daran, jeden einzuschüchtern, der sich durch die Begegnung mit dem Fremden inspirieren lässt. Weiße, die Dreadlocks tragen, Karnevalsteilnehmer, die sich indianischen Federschmuck ins Haar stecken, Westeuropäer, die Yoga praktizieren, Musiker, die Crossovermusik komponieren, sie alle betreiben angeblich eine Form von Imperialismus. Traditionelle Gerichte, traditionelle Tänze, traditionelle Begriffe – nichts davon darf man übernehmen, will man sich nicht dem Vorwurf der »kulturellen Aneignung« aussetzen. Als würde man Kulturen etwas stehlen, wenn man sich durch sie bereichern lässt.

Eine solche Vorstellung entlarvt die Kaltherzigkeit dieser kulturellen Geizhälse. Menschen, die keine Liebe in sich tragen, können eben nicht begreifen, dass etwas mehr werden kann, wenn man es teilt. Ihr Ideal sind keine offenen Räume der Begegnung, sondern viele kleine Gefängnisse, durch deren vergitterte Fenster sich die voneinander getrennten Gruppen zuwinken können. Uniformzwang und kulturelle Apartheid, das ist die neue Vielfalt.

Wenn es denn so ein Verbrechen ist, etwas von anderen zu übernehmen – wie können es dann die Frauen unter den Verfechtern des Geredes von der »kulturellen Aneignung« wagen, sich männlicher Erfindungen zu bedienen? Wie können sie es wagen, in klimatisierten Räumen zu sitzen, sich an Zentralheizungen zu wärmen, eine Waschmaschine zu benutzen, ihre Ideologie mittels Computer und Internet in die Welt zu posaunen? Und die »People of Colour« unter den Zeitgeistlosen – wie können sie es wagen, die Kultur zu übernehmen, die Weiße geschaffen haben? Den Buchdruck, den Kühlschrank, das Auto? Die weißen Apartheidsclaqueure wiederum sollten schon mal anfangen, wieder den Gebrauch von Fingern und Kerbholz zu Rechenzwecken zu lernen, um ohne Null und Dezimalsystem zurechtzukommen.

In welchem Ausmaß muss jemand seine Angst vor allem, was anders ist, verinnerlicht haben, damit er Menschen, die sich offen und interessiert auf fremde Kulturen einlassen, der »kulturellen Aneignung« bezichtigt? Und ist überhaupt eine üblere »kulturelle Aneignung« denkbar als die von Privilegierten, die das Anliegen von Benachteiligten und deren Kampfparolen instrumentalisieren, um sich selbst als Kämpfer für Gerechtigkeit zu stilisieren?

Denn darum geht es den Gesinnungskriegern ja angeblich. Seltsamerweise wird mit dem Gerede von Gerechtigkeit aber in erster Linie Unrecht legitimiert. Die Dienstrechtsreform in NRW sorgt dafür, dass Männer zugunsten schlechter qualifizierter Frauen zurückgestuft werden. [GK 396, 428-429] Unisextarife für die Rente wurden eingeführt, obwohl Frauen fünf Jahre länger davon profitieren. [GK 236-237] An US-amerikanischen Hochschulen werden Asiaten benachteiligt, weil andere ethnische Gruppen gefördert werden sollen[4]. Die *Arbeitsgemeinschaft sozialdemokratischer Frauen* machte bereits 1986 unfreiwillig deutlich, dass es gerade nicht um Gerechtigkeit geht, als sie forderte, das Wort »Gerechtigkeit« in den sozialdemokratischen Grundwerten »Freiheit, Gerechtigkeit, Solidarität« durch »Gleichheit« zu ersetzen. [GK 103] Und warum sind die Ärmsten, die nach Meinung der Bessermenschen nicht gegeneinander ausgespielt werden dürfen, seltsamerweise nie weiße Männer, die nachts bei minus zehn Grad im Freien übernachten müssen?

Die Feministin Luise Pusch sprach einst von »kompensatorischer Gerechtigkeit« [GK 96] und meinte damit offenbar das Privileg, im Namen der Gerechtigkeit und ohne Schuldgefühle Unrecht begehen zu dürfen. Heutige Gesinnungskrieger behaupten, Weiße und Männer könne man nicht diskriminieren, Rassismus gegenüber Weißen und Sexismus gegenüber Männern gebe es nicht[5]. So einfach ist der moderne Ablasshandel, so einfach kann es sein, sich jeder Rücksichtnahme, jeder Verantwortung für seine Taten zu entziehen und sich selbst von jeder Schuld freizusprechen. Es genügt zu behaupten, dass es diese Schuld nicht gebe.

Ein neuer Moralismus ist das Maß aller Dinge. Subjektiv erlebte Verunglimpfungen werden in den Rang objektiver Tatbestände erhoben. Bloßes Unwohlsein reicht aus, um Menschen das Wort zu verbieten oder sie des Raumes zu verweisen. Kuschelecken müssen eingerichtet werden, wenn sich jemand durch ungewohnte Ideen oder Statistiken, die den eigenen Vorurteilen widersprechen, bedroht fühlt. »Das Opfer genießt das Privileg, selbst definieren zu dürfen, was es als moralisch verwerflichen Angriff empfindet. So wird ein Herrschaftsanspruch formuliert und oft erfolgreich eingelöst.« [BS 28]

Rassismus ist, wenn sich jemand rassistisch beleidigt fühlt. Jedenfalls solange es sich dabei nicht um einen weißen heterosexuellen Mann handelt. Eine Belästigung ist, was eine Frau als Belästigung empfindet. »Wenn Jackies Geschichte teilweise oder ganz unwahr sein sollte, ist das kein Grund, ihr nicht zu glauben«, twittert eine Aktivistin über eine Falschbeschuldigerin. [GK 365] »Mit dem Präfix ›trans-‹ verwandelt man jede neurotische Exzentrizität in einen alternativen Lebensstil, und mit dem Suffix ›-phob‹ verwandelt man jede abweichende Meinung in eine Geisteskrankheit.« [NB 97]

Wer die richtige Betroffenheitslyrik absondert, hat die Deutungshoheit inne. Wer überall -ismen am Werk sieht, zählt sich zu den Bessermenschen. Wer vegan lebt, darf sich einbilden, tugendhafter zu sein als jemand, der Fleisch isst. Wer sich als Erster empört, hat gewonnen.

Dazu muss man nicht einmal mit dem Finger auf andere zeigen. Es genügt, als Weißer die historischen Untaten der Weißen zu beklagen. Oder als Mann die »toxische Männlichkeit« zu beschwören. »Man kann andere anklagen, indem man sich selbst schuldig bekennt. Mit dem öffentlichen Bekenntnisritual setzt man nämlich diejenigen unter Druck, die weniger bußfertig sind. (...) Man bekennt die Schuld an Untaten, die man nicht begangen hat, um andere für ihre Folgen haften zu lassen. (...) Keiner der Moralapostel meint sich wirklich selbst, wenn er ›wir‹ sagt. Gemeint sind immer die anderen. (...) Hier gilt nämlich die großartige Erkenntnis von Manès Sperber, ›dass die Selbstanklage Rechtfertigung, Freispruch und unausgesprochenes Selbstlob verhüllt‹.« [NB 39-42, 56]

Unsere derzeitige Diskussionskultur beruht auf dem Schwarz/Weiß-Denken von Achtjährigen. Es geht nicht mehr um Argumente, um Fakten, um Beweise. Es geht nicht mehr darum, was jemand zu sagen hat und ob man dieser These zustimmt oder sie ablehnt. Schon gar nicht geht es darum, was jemand getan hat. Weil es nicht mehr um richtig oder falsch geht, sondern um gut oder böse. Hat man jemanden erst mal als böse etikettiert, muss man sich auch nicht mit seinen Argumenten auseinandersetzen oder gar die eigene Position hinterfragen.

Früher hatten wir die Arroganz des Blutes. Dann folgte die Arroganz der Rasse. Schließlich die Arroganz des Geldes. Jetzt haben wir die Arroganz der Gesinnung.

Dass es sich lohnen kann, gelegentlich Andersdenkenden zuzuhören, um seinen Horizont zu erweitern, ist im Weltbild von Gesinnungskriegern nicht vorgesehen. Lieber beschimpfen sie Menschen mit einer anderen Meinung als Nazis. Die politische Korrektheit, ihr Herrschaftsinstrument, ist nichts anderes als ein Denkverbot.

Bessermenschen sind davon überzeugt, auf der richtigen Seite zu stehen und deshalb das Recht zu haben, auf Abweichler einzudreschen. Im übertragenen Sinne und wortwörtlich.

In früheren Zeiten hatten wir die Arroganz des Blutes. Dann folgte die Arroganz der Rasse. Schließlich die Arroganz des Geldes. Jetzt haben wir die Arroganz der Gesinnung. Offenbar brauchen manche Menschen einen Vorwand, um sich anderen überlegen zu fühlen.

Die Bewegung der Politischen Korrektheit wird von Fanatikern getragen, von Menschen, die freudlos, humorlos, unduldsam, intolerant und selbstgerecht sind. Und mit ihren verqueren Vorstellungen sind sie auf dem besten Weg, die Demokratie in Schutt und Asche zu legen.

Die Tyrannei der Empfindlichen

Immer mehr Menschen drangsalieren ihr Gegenüber mit Sprachdiktaten und fühlen sich ihnen dabei auch noch moralisch überlegen.

Da gibt es Menschen, die behaupten, es sei rassistisch, eine Person danach zu fragen, wo sie herkommt. Im Ernst? Wenn man jemandem auf einer Party zum ersten Mal begegnet und mit diesem Menschen ins Gespräch kommen möchte, sind die Themen nun mal begrenzt. Es wäre nicht sehr höflich, einen Wildfremden danach zu fragen, welches Verhältnis er zu seinen Eltern hat oder wie der letzte Sex war. Für die erste Kontaktaufnahme bleiben daher hauptsächlich oberflächliche Fragen: Was machst du beruflich? Wie hast du unsere Gastgeber kennengelernt? Oder eben, wenn man den Eindruck hat, der andere sei im Ursprung kein Einheimischer: Woher kommst du?

Wer Rassismus beenden möchte, fordert keine Tabus. Tabus verhindern Integration. Verständnis für den anderen können wir nur erreichen, wenn wir uns auf ihn einlassen. Dazu müssen wir miteinander reden. Gerade über die Dinge, die uns geprägt haben, auch wenn sie schmerzhaft sind. Wer Neugier unter Generalverdacht stellt, will nicht, dass sich Menschen nahekommen.

Was in Wahrheit hinter dem Vorwurf des Rassismus steckt, ist die Verlagerung von Verantwortung. Der andere soll auf geheimnisvolle Weise erspüren, auf welche Themen man sensibel reagiert. Aber jeder Mensch hat im Laufe seines Lebens Enttäuschungen und Verletzungen erfahren oder mit Problemen zu kämpfen, an die er nicht gern erinnert wird, wie kann man also von jemandem, der einen nicht kennt, erwarten, dass er vorauseilend ahnt, welche Themen tabu sind?

Die Frage nach dem Beruf mag jemanden quälen, der darunter leidet, dass er seit Jahren arbeitslos ist. Incels möchten vielleicht nicht über Partnerschaften sprechen, trockene Alkoholiker keine Unterhaltung über bevorzugte Bier- oder Weinsorten führen. Und wer seine Flugangst nicht überwinden kann, dem ist unter Umständen schon die Frage nach dem nächsten Urlaub unangenehm. Wenn man die eigenen Bedürfnisse offen zur Sprache bringt, wird jeder achtsame Gesprächspartner dies respektieren. Wer hingegen vom Gegenüber erwartet, dass er einem die Wünsche von den Augen abliest, outet sich als verzogenes Gör.

Nur verwöhnte Menschen verlangen, dass die Gesellschaft ihre Probleme für sie löst. Das ist nicht nur kontraproduktiv hinsichtlich der Bewältigung dieser Probleme, sondern vor allem übergriffig. Niemand ist für die schlechten Erfahrungen aus der Vergangenheit seines Gegenübers verantwortlich, und wer andere Menschen in Sippenhaft nimmt, sollte vielleicht zunächst einmal seine eigenen Motive hinterfragen. Wir reden ja nicht über herabsetzende Bemerkungen, deren Niedertracht niemand in Abrede stellt, sondern über Fragen in bester Absicht. Wer mich einen Rassisten nennt, wenn ich mich freundlich und aus ehrlichem Interesse heraus nach jemandes Herkunft erkundige, ist selbst ein Rassist, der mich als Projektionsfläche für seine Vorurteile missbraucht.

Es ist wahr, ich habe nicht erlebt, wie es ist, versklavt oder unter imperialistischer Knute ausgebeutet zu werden. Diejenigen, die sich Fragen nach ihrer Herkunft verbitten, allerdings auch nicht. Die Leidtragenden vergangener Jahrhunderte zu instrumentalisieren, indem man so tut, als würde man die geballte Last seiner Vorfahren schultern, ist eine Verhöhnung der wahren Opfer und dient nur dazu, sich moralisch über andere zu erheben.

Dann gibt es Menschen, die bestimmte Worte mit einem Tabu belegen wollen und stattdessen vom »N-Wort« sprechen, vom »Z-Wort«, vom »B-Wort«. Wie gut, dass es nur 26 Buchstaben im Alphabet gibt, das erspart uns eine Inflation magischen Denkens! Oder fangen diese Leute irgendwann an, vom »N2-« und »N3-Wort« zu reden? Menschen, die wirklich Schreckliches erlebt haben, verlangen keine Sprachtabus, das tun nur solche, die sich in Szene setzen wollen. Wer aus dem KZ knapp mit dem Leben davongekommen ist oder dort Verwandte verloren hat, redet nicht vom »H-Wort«, der möchte, dass der Holocaust beim Namen genannt wird. Wichtigtuerisches Um-den-Brei-Reden ist immer ein Zeichen, dass es in Wahrheit um etwas anderes als die betreffende Sache geht.

Wir leben in einer Zeit, in der es schick ist, andere mit den eigenen Befindlichkeiten zu terrorisieren.

Des Weiteren gibt es Frauen, die sich darüber beschweren, dass man sie fragt, warum sie kein Kind haben. So etwas sollten sich ihrer Meinung nach Frauen »nicht mehr anhören müssen, weil es unendlich verletzt«. Tatsächlich? Männer müssen sich auch nach ihrem Beruf fragen lassen, selbst wenn es sie verletzt, von Frauen lediglich nach Status und Erfolg bewertet zu werden. Alle möglichen Menschen werden gelegentlich mit Fragen konfrontiert, deren Beantwortung ihnen unangenehm ist. Nur Verhätschelte möchten in Watte gepackt werden und erwarten, dass die Gesellschaft ihnen sogar die Konfrontation mit den eigenen Problemen abnimmt.

Und schließlich gibt es Menschen, die verlangen, dass man für sie allerlei erfundene Geschlechtsbezeichnungen verwendet, weil es ihnen angeblich Qualen verursacht, als Mann oder Frau angesprochen zu werden. Wenn jemand darunter leidet, dass seine Gefühle im Widerspruch zum eigenen Körper stehen, ist das ein ernstes Problem, das ich nie kleinreden würde, denn es betrifft einen zentralen Punkt der eigenen Identität. Aber ein solches Leid wird nicht durch andere verursacht und kann daher auch nicht durch Sprachdiktate bewältigt werden. Wer behauptet, es verursache ihm Schmerzen, als Mann oder Frau angeredet zu werden, geht den eigentlichen Problemen aus dem Weg und bürdet sie stattdessen seinem Gegenüber auf. Von Fremden zu verlangen, diese mögen einem in die eigene subjektive Welt folgen, deutet zudem auf eine narzisstische Persönlichkeit hin.

Wir leben in einer Zeit, in der es schick ist, andere mit den eigenen Befindlichkeiten zu terrorisieren. Menschen, die ihr Leben lang behütet wurden, fühlen sich »bedroht«, weil jemand zu einem Thema eine andere Meinung hat als sie. Sich über ein Wort oder einen Blick »unwohl« zu fühlen, gilt heutzutage nicht etwa als Zeichen einer gestörten Persönlichkeit, sondern als Ausdruck von Sensibilität. Wer sich den Luxus leisten kann, sich in einer Welt von Kriegen, Hunger, Arbeitslosigkeit, Obdachlosigkeit über Mikroaggressionen aufzuregen, ist offenkundig privilegiert. Bezeichnenderweise sind gerade diejenigen, die Hypersensibilität einfordern, anderen gegenüber mit grobschlächtigen Etikettierungen (»rassistisch«, »sexistisch«, »transphob«, »rechts«, »Nazi«) schnell bei der Hand. »So hat sich eine Tyrannei der Wehleidigen etabliert, die ihre Aggressivität als Notwehr verkaufen wollen.« [NB 55]

Am Ende müssen wir uns fragen, in was für einer Welt wir leben wollen. Denn eins ist klar: Wenn die empfindlichsten Menschen den Diskurs bestimmen, erhält man am Ende eine neurotische Gesellschaft.

Generation Shitstorm

Liebe Gesinnungsjünger und Revolutionsazubis,

ist euch eure Autoritätshörigkeit gar nicht peinlich? Ist es euch nicht peinlich, wie ihr wieder Rattenfängern hinterherlauft und jeden Schwachsinn des Zeitgeistes übernehmt, statt selbst zu denken und zu hinterfragen? Ist es euch nicht peinlich, euch wieder befehlen zu lassen, was ihr zu tun und zu lassen habt? Ich hatte ja gehofft, dass die Zeiten des Kadavergehorsams irgendwann mal vorbei sind, aber nein, da kommt ihr mit eurer typisch deutschen Untertanenmentalität und lasst euch wieder für die Kriege der Herrschenden einspannen.

Ihr protestiert? Ihr seid nicht autoritätshörig? Ach nein? Was habt ihr denn von denen, gegen die ihr ständig in den Krieg zieht, im Original gehört oder gelesen? Was wisst ihr über diese Leute und ihre Ansichten aus deren eigenem Mund? Nichts wisst ihr. Irgendwelche Haltungsschadenjournalisten oder Influencerinnen sagen euch: Der da ist ein Schwein, den müsst ihr hassen. Und dann zieht ihr los und hasst. Wie zu den finstersten Zeiten dieses Landes, als hättet ihr nichts aus der Geschichte gelernt. Als gäbe es nicht warnende Beispiele genug für das, was passiert, wenn man sich von Hasspredigern aufhetzen und für deren Agenda missbrauchen lässt.

Sobald jemand die richtigen Worthülsen (»sexistisch«, »homophob«, »transfeindlich«, »rechts«) im Munde führt und die richtigen Knöpfe drückt, um einen anderen zum Abschuss freizugeben, stürmt ihr los, stört Veranstaltungen, organisiert Shitstorms und projiziert den Dreck in euren Köpfen auf den angeblichen Feind, ohne auch nur ein Wort von ihm gehört oder gelesen zu haben, nur weil es euch irgendein Guru befiehlt. Kein Wunder, dass Dauerempörte wie ihr die Aufklärung auf die Müllhalde der Geschichte werfen wollen, Demokratie infrage stellen und Meinungsfreiheit ablehnen. Freiheit geht eben immer mit Verantwortung einher, mit der manchmal mühevollen Bereitschaft, für seine Überzeugungen geradezustehen. Das bedeutet, sich mit anderen Positionen auseinanderzusetzen. Inhaltlich, nicht mit Fäusten, Sprechchören oder Trillerpfeifen – das ist etwas für die Dummen, die keine Argumente haben, sondern nur diffuse Gefühle. Aber das ist euch natürlich zu anstrengend.

Dabei haben wir doch alle im Laufe unseres Lebens Filme gesehen oder Romane gelesen über vergangene Zeiten, in denen die dumpfe Volksseele in ihrer vorurteilsbeladenen Beschränktheit zum Lynchmob wird, und uns angewidert und voller Zorn gefragt, was das für selbstgerechte Menschen waren, die anderen so etwas antun. Schaut in den Spiegel, dann habt ihr sie vor euch. Spießer von rechts wie von links, die es nicht ertragen, wenn jemand anders lebt als sie. Die eine permanente Bestätigung für ihre Lebenslügen brauchen und sich zu diesem Zweck behaglich eingerichtet haben in ihrer Filterblase, aus der sie nicht geweckt werden möchten. Die Angst vor Freiheit haben, Angst vor Alternativen, Angst vor Wahlmöglichkeiten. Weil dazu auch gehört, Fehler zu machen, Irrtümer einzugestehen und Konsequenzen zu tragen.

In eurem Spiegel seht ihr die, die sich daran aufgeilen, mit dem Gefühl der Rechtschaffenheit ihrem Hass und ihren Aggressionen freien Lauf zu lassen. Und mit der Gewissheit, keine Repressalien befürchten zu müssen, weil die Mächtigen auf ihrer Seite stehen. Vor achtzig Jahren hättet ihr mit derselben Selbstgerechtigkeit Juden ans Messer geliefert, weil man euch eingeredet hätte, die würden die Welt beherrschen. In der DDR wäret ihr Stasi-Spitzel gewesen, um euch vor angeblichen Nazis und Imperialisten zu schützen. Heute hetzt ihr halt gegen die Boomergeneration und gegen alte weiße Männer. Immer schön gegen die, die der Zeitgeist gerade zum Abschuss freigibt.

Bei der Gelegenheit: Wie könnt ihr es wagen – How dare you! – meine Generation, die den Umweltschutz praktisch erfunden hat, für den Zustand der Welt verantwortlich zu machen? Ausgerechnet ihr, die ihr Ressourcen verschwendet wie keine Generation vor euch, die ihr um die Welt jettet, den Computer den ganzen Tag auf Standby laufen lasst, in der U-Bahn mit eurem elektronischen Spielzeug daddelt, statt ein Buch zu lesen, und jedes zweite Jahr muss es ein neues Smartphone sein?

Ich weiß natürlich, Feiglinge haben es immer schon vorgezogen, Sündenböcke für die Probleme in ihrem Leben und alle Übel dieser Welt zu suchen, statt sich der Verantwortung für ihre Entscheidungen zu stellen. Ein klares Feindbild enthebt euch der unangenehmen Aufgabe, eigene Schattenseiten wahrzunehmen, nicht wahr? Um eure Fehler und Verbrechen zu bagatellisieren, verweist ihr auf eure angeblich edlen Motive, und um selbst die harmlosesten Bemerkungen anderer zu dämonisieren, behauptet ihr deren schlechte Gesinnung. So erhöht man sich selbst, ohne selbstkritisch sein und an sich arbeiten zu müssen. So etabliert man Doppelstandards, ohne diese wahrnehmen zu müssen.

Deshalb Identitätspolitik. Die gibt euch eine Ausrede in die Hand, um euch nicht länger mit euren individuellen Verfehlungen beschäftigen zu müssen. Es ist schließlich die Gruppenzugehörigkeit, die für alles verantwortlich ist, stimmt's? Früher war es die Erziehung. Oder die soziale Schicht, der man entstammt. Irgendeine Ausrede braucht es schließlich, um Verantwortung zu delegieren. Es ist ja so behaglich an dem Ort, an dem man immer nur Opfer ist und niemals für seine Taten geradestehen muss!

Wie wär's zur Abwechslung mal mit selbstständigem Denken? Wie wär's, wenn ihr euch ruhig und ohne Vorurteile anhört, welche Meinung Andersdenkende *wirklich* vertreten? Statt euch von der vorverdauten Welt der 280 Zeichen befehlen zu lassen, was ihr zu meinen habt? Wie wär's, wenn ihr die ach so schlimmen Dinge, die die Objekte eurer Feindseligkeit angeblich gesagt haben, im Original nachhört oder nachlest, nicht in den aus dem Zusammenhang gerissenen Zitaten derer, die euch manipulieren? Und wie wär's, wenn ihr anfangt, erwachsen zu werden, und Argumente austauscht, statt Gefühle?

Wer weiß, womöglich könnt ihr sogar euren Horizont erweitern. Und aufhören, euch von Pseudoautoritäten am Nasenring aufs Schlachtfeld des Bessermenschentums schleifen zu lassen.

Historische Parallelen

Was die Erfahrung aber und die Geschichte lehren,
ist dieses, dass Völker und Regierungen niemals etwas
aus der Geschichte gelernt (...) haben.

Georg Wilhelm Friedrich Hegel

Warum sind so viele Menschen blind gegenüber der Gefährdung der Demokratie durch die derzeitige Politik und den Weg, den unsere Gesellschaft eingeschlagen hat, obwohl wir doch nur zurückblicken müssen, um zu erkennen, dass wir dabei sind, einige der dunkelsten Abschnitte unserer Geschichte zu wiederholen? In diesem Kapitel werden wir auf erschreckende Parallelen zwischen damals und heute stoßen: in der Politik, in der Mentalität der Zivilbevölkerung, an den Universitäten.

Die Gespenster der Vergangenheit kehren zurück

Der alte Satz »Wer die Geschichte nicht kennt, ist dazu verurteilt, sie zu wiederholen« bewahrheitet sich immer wieder. Und zwar bis in die Details hinein. Um die aktuellen Entwicklungen einordnen zu können, lohnt sich deshalb ein Blick auf die deutsche Vergangenheit.

Gesinnung

Wie früher ist auch heute wieder die richtige Gesinnung wichtiger als das, was jemand tut. Wer in den 1920er Jahren nur laut genug betonte, er handele aus Patriotismus, kam mit so ziemlich jedem Verbrechen davon. Wer heute seine Sorge um das Klima herausstellt, darf auf das Wohlwollen der Justiz rechnen, auch wenn er Gesetze bricht oder gar mittelbar den Tod einer Radfahrerin verschuldet[1]. Wer sich mit Schlagworten wie »Gleichheit«, »Gerechtigkeit«, »Diversität« bewaffnet, kann ungestraft Menschen mit Dreck bewerfen, mit Hass überschütten und Shitstorms gegen sie initiieren, er steht ja auf der richtigen Seite. Journalisten mit der politisch korrekten Haltung dürfen nach Herzenslust verleumden, ohne dass sie irgendetwas zu befürchten hätten[2].

Systematisch haben die Nationalsozialisten während der Weimarer Republik versucht, unliebsame Aufführungen von Filmen und Theaterstücken zu verhindern, etwa von Erich Maria Remarques *Im Westen nichts Neues*. Heutzutage bekämpfen die selbstgerechten Sittenwächter selbst Adventsgedichte, wenn sie von der falschen Person vorgetragen werden[3], und offene Diskussionen sowieso. Medien hätscheln Gewalttäter, solange sie die richtige Gesinnung zeigen, es wird einfach erklärt, links und Gewalt schließe sich gegenseitig aus [GK 419]. Selbst Antisemitismus ist plötzlich wieder salonfähig[4].

Damals wie heute wird versucht, die Existenzgrundlage von Andersdenkenden durch Stigmatisierung und Ausgrenzung zu zerstören. Zwischen »Kauft nicht bei Juden«, »Bietet Kritikern der herrschenden Politik keine Plattform« und Denunziationen beim Arbeitgeber besteht lediglich ein gradueller Unterschied. Wer nicht im Gleichschritt mitmarschiert, ist ein Paria, basta!

Dabei spielt es häufig nicht mal eine Rolle, wofür oder wogegen jemand ist, sondern nur noch, ob er schon mal jemandem die Hand gegeben hat, dessen Nase einem nicht gefällt, ob er einen Begriff benutzt, der als Tabu gilt, ob er jemanden mit der falschen Geschlechtsbezeichnung anredet oder ob man ihm irgendein Wort im Munde umdrehen und damit in eine genehme Schublade quetschen kann.

Puritanismus

Die Nazis waren besessen von einem rigiden Sauberkeitswahn. Sie propagierten »Rassenreinheit«, sprachen von »Rassenhygiene«, »deutsches Blut« sollte von »nichtarischen« Einflüssen gesäubert werden wie die Kultur von »entarteter Kunst« und die Literatur von »undeutschem Geist«.

Heute säubern die neuen Puritaner Bücher von missliebigen Wörtern, Lehrpläne von missliebigen Autoren, Unis von missliebigen Gastrednern, Wissenschaft von missliebigen Erkenntnissen und sogar ihren persönlichen Bekanntenkreis von Menschen mit missliebigen Ansichten. Sie möchten sich nicht mit moralisch verunreinigten Mitmenschen abgeben. In Kanada verbrennen Schulaktivisten Comics in einer »Reinigungszeremonie durch Flammen«[5], hierzulande reinigen queer-feministische Lesben Räume in einem magischen Ritual von männlichen Energien[6], und Forscher aus Schweden plädieren dafür, weniger Kinder zur Welt zu bringen, weil diese angeblich durch ihren CO2-Ausstoß die Umwelt verschmutzen[7]. Die unbarmherzige Kälte von Reinheitsidealen, die jeder Menschlichkeit entbehren, steht wieder hoch im Kurs.

Obrigkeitsstaat

Deutschland war lange Zeit ein Obrigkeitsstaat. Verbote bestimmten das Leben der Menschen: »Das Spielen im Treppenhaus« war ebenso verboten wie »Schiebe- und Wackeltänze« in Lokalen, Hausangestellte und Lieferanten durften »nur den Nebenaufgang benutzen«, ein »Zwickelerlass« schrieb zentimetergenau vor, wo der Badeanzug der Frauen zu beginnen und die Badehose der Männer zu enden hatte. Im Übrigen war der Bürger selbstredend gehorsam gegenüber Autoritätspersonen, einschließlich Schaffnern und Hausmeistern, und nicht zuletzt gab es den Tatbestand der Majestätsbeleidigung.

Heute wird wieder versucht, uns zu gängeln und bis in die Privatsphäre hinein zu diktieren, wie wir unser Leben zu gestalten haben. Uns wird vorgeschrieben, was wir essen[8] und wie wir uns zum Karneval verkleiden sollen[9], wann wir duschen dürfen[10], wie wir zu sprechen und zu denken haben[11]. Und auch den Tatbestand der Majestätsbeleidigung scheint so mancher Politiker wiedereinführen zu wollen, wenn etwa Wolfgang Schäuble 2019 einen Abgeordneten auf dessen kritische Äußerungen hin zurechtweist: »Wenn [der Bundespräsident] uns die Ehre antut, an unserer Debatte teilzunehmen, ist das nicht für Sie die Gelegenheit, ihn zu kritisieren.« [GK 489]

Denunziation

Kein Wunder also, dass das Denunziantentum und die Blockwartmentalität wieder fröhliche Urständ feiert. Unter den Nazis wurden Juden denunziert, Kommunisten, Individualisten – jeder, der nicht bedingungslos die herrschende Ideologie vertrat. Heute sind es Coronakritiker, Klimakritiker, Feminismuskritiker – jeder, der nicht bedingungslos die herrschende Ideologie vertritt.

Mit welcher Begeisterung die Deutschen wieder anderen Vorschriften machen! Und wie bereitwillig sich Bürger während der Coronamaßnahmen durch gewissenlose Politiker und Journalisten gegeneinander aufhetzen ließen! Es ist das alte Spiel: Teile und herrsche. Die Juden sind schuld, dass es uns so schlecht geht! Die Impfgegner sind schuld, dass wir die Pandemie nicht in den Griff bekommen! Sündenböcke stehen wieder hoch im Kurs.

Ermächtigung

Reichspräsident Hindenburg, der mit Reichskanzler Brüning durch exzessive Anwendung des Verfassungsartikels 48 (Notverordnung) die Demokratie Schritt für Schritt aushebelte, nutzte diesen Artikel unter anderem, um 1930 gegen den Widerstand des Parlaments Steuergesetze durchzubringen. Die Presse kritisierte, dass es ein zweifelhaftes Verfahren sei, »die Bewilligung von Maßnahmen ausgesprochen zweiten Ranges mit einer Not ersten Ranges zu begründen«. [BT-2]

Dieses Vorgehen wiederholte sich 2020 durch die Bundeskanzlerin, die mit Auftreten des Coronavirus eine Not zweiten Ranges vorschob, um wie einst Hindenburg die Kontrollfunktion des Parlaments auszuschalten und mit einer kleinen Clique Notstandsgesetze zu verabschieden.

Nachdem die Corona-Maßnahmen der Politik immer wieder durch Gerichte kassiert worden waren, sorgte die Regierung im Eiltempo für eine Änderung des Infektionsschutzgesetzes[12], die am 19. November 2020 in Kraft trat und eine dauerhafte Unterhöhlung der Demokratie durch massive Eingriffe in Grund- und Freiheitsrechte ermöglicht (Versammlungsverbot, Kontaktbeschränkungen, Ausgangsverbot, Verarbeitung personenbezogener Daten etc.), mithin eine Art Ermächtigungsgesetz darstellt. Nicht zufällig taucht das Wort »ermächtigen« oder »Ermächtigung« 24-mal im Gesetz auf[13].

Propaganda

Dass die herrschende Kaste seit einigen Jahren systematisch Propaganda und Desinformationskampagnen einsetzt, haben wir in Kapitel 1 und 2 gesehen. Auch hier gehen die historischen Parallelen allerdings bis ins gruselige Detail.

Einer der Totengräber der Weimarer Republik, der den Nationalsozialisten maßgeblich den Weg geebnet hat, war der Pressezar Alfred Hugenberg. Häufig in Konkurrenz zu Hitler, zeitweise jedoch in der Einheitsfront nationaler Gruppierungen gegen den Youngplan mit ihm verbündet, half er seit 1929, Hitler salonfähig zu machen, und verbreitete reaktionäre Propaganda mithilfe seines Medienimperiums. Insbesondere verstand er es, die Meinungshoheit über die vielen regionalen Zeitungen zu erlangen, die in den ländlichen Gegenden oftmals die einzige Informationsquelle ihrer Leser darstellten. Dies gelang ihm, weil sich die kleinen Zeitungen keine eigenen Korrespondenten leisten konnten und der Bleisatz eine zeit- und personalintensive Angelegenheit darstellte, die teure Maschinen erforderte. Daher griffen die Zeitungsverleger gern zu, als Hugenberg ihnen ein Abonnement von Pappmatern anbot, also von fertigen Artikeln auf Pappen, die sie dann nur noch mit Blei ausgießen mussten. Zugleich mit den Nachrichten konnte Hugenberg ihnen so sein Weltbild unterjubeln. [PM 340-342]

Das einschlägig bekannte[14] Recherchebüro *Correctiv*, das seine »operative Tätigkeit« 2014 begann, in Politik, Wirtschaft und Medien bestens vernetzt ist, unter anderem von der Bundeszentrale für politische Bildung, der Deutschen Bank, Parteistiftungen und Google finanziert wird, um das zu bekämpfen, was die Herrschenden als Falschnachrichten bezeichnen (»Wir sind damit eine von vielen Antworten auf die Medienkrise.«), und dabei selbst Falschnachrichten verbreitet, erklärt auf seiner Website: »Wir bieten Redaktionen – großen wie kleinen – durch unseren unabhängigen und gemeinnützigen Ansatz Zugang zu Geschichten, die sie selbst nur schwer recherchieren können. Wir wollen so den investigativen Journalismus in Deutschland verbreiten und dabei helfen, Vielfalt und Qualität im Mediensystem zu bewahren.«[15]

Kritische Stimmen zu zensieren, indem man sie als Falschnachrichten brandmarkt, ist im Übrigen auch nichts Neues. Erwin Eckert und Emil Fuchs, zwei Pfarrer, der eine Kommunist, der andere Sozialdemokrat, die aus ihrer Sicht das politische Geschehen der letzten Weimarer Jahre kommentierten, schrieben Ende 1931 über eine Verordnung von Wehrminister Groener, »nach welchen Gesichtspunkten Presseverbote auszusprechen sind. Eine Zeitung muss danach verboten werden, wenn sie ›die öffentliche Sicherheit und Ordnung gefährdet‹. Eine solche Gefährdung geschehe durch: ›Falsche Nachrichten, die geeignet sind, die Bevölkerung in Erregung zu versetzen‹. Dasselbe gilt für alarmierende Schlagzeilen, die die von der Regierung getroffenen Maßnahmen empfindlich durchkreuzen.« [EF 142]

Sturmtruppen der Herrschenden

Dem italienischen Schriftsteller Ignazio Silone wird der Satz zugeschrieben: »Wenn der Faschismus wiederkehrt, wird er nicht sagen: ›Ich bin der Faschismus.‹ Nein, er wird sagen: ›Ich bin der Antifaschismus.‹«[16] Und in der Tat können wir genau das heute beobachten.

Mit Knüppeln und Fäusten betrieb die SA in den 1920er und 1930er Jahren Politik von der Straße aus, terrorisierte die Bevölkerung, schüchterte Andersdenkende ein und schlug unliebsame Zeitgenossen krankenhausreif. Vor allem wandten sie sich gegen diejenigen, die man gefahrlos drangsalieren konnte, weil sie keinen Rückhalt in der Bevölkerung besaßen, nämlich Juden und alle, die willkürlich als pazifistisch, franzosenfreundlich, vaterlandsfeindlich und dergleichen denunziert wurden. Dabei handelte es sich bei den SA-Männern vielfach um verkrachte Existenzen, die nach dem 1. Weltkrieg mit dem zivilen Leben nicht zurechtkamen und Sündenböcke suchten für alles, was in ihren Augen falsch lief.

In einem Buch über den SA-Schläger Horst Wessel wird ihre Motivation so beschrieben: »Die SA entwickelte sich für Wessel und seine Männer zu einem sozialen Netzwerk, das Züge einer Ersatzfamilie annehmen konnte und in dem die Ausübung von Gewalt nicht nur Mittel zum politischen Zweck, sondern vor allem gemeinschaftsstiftende Praxis war. (…) Die Inszenierung einer angegriffenen Gemeinschaft weniger Auserwählter ließ die SA-Gewalt in den Augen ihrer Anhänger als Verteidigungshandeln erscheinen. (…) Wichtiger als das ideologische Programm der NSDAP war der Umstand, dass der Aktionismus innerhalb der SA den jungen Männern eine Kompensation für ihren vielfach sinnentleerten Alltag bot.« [DS 95-97]

Heute sind es die Männer und Frauen der Autonomen und der Antifa, häufig ebenfalls verkrachte Existenzen, die Sündenböcke für alles suchen, was in ihren Augen falsch läuft, ein Klima der Angst verbreiten, um Andersdenkende einzuschüchtern, und nicht einmal merken, wie nahe sie sprachlich den Nazis stehen (»Kristallnacht«), wenn sie davon reden, Geschäfte zu »entglasen«[17]. Und so, wie die Schergen der SA 1932 in Potempa in die Wohnung eines Arbeiters eindrangen, ihn aus dem Bett zerrten und vor den Augen seiner Mutter mit Gummiknüppeln und Billardstöcken zu Tode prügelten, [BT-3] so überfällt heutzutage (laut noch nicht rechtskräftigem Urteil) die sogenannte Hammer-Bande um ihre Anführerin Lina Engel missliebige Personen und schlägt mit Hämmern auf deren Kopf, Knie und Sprunggelenke ein, sodass sie verkrüppelt zurückbleiben[18].

Eigentlich handelt es sich bei diesen Typen um Feiglinge. Man wird kaum erleben, dass sie sich in die Hochburgen der Neonazis begeben, weil sie genau wissen, dass sie dort nicht ungeschoren wieder herauskommen. Stattdessen definieren sie einfach harmlose Bürger – Konservative, Liberale, Linke –, die nichts weiter verbrochen haben, als anderer Meinung zu sein, zu »Neuen Rechten« um und prügeln auf sie ein im Bewusstsein, dass sich ihre Opfer nur schwach zur Wehr setzen werden. Hinterher können sie sich dann vor ihren Genossen auf die Brust trommeln und sich und ihnen einreden, sie würden »Nazis« bekämpfen.

Eine der widerlichsten Eigenschaften solcher Feiglinge ist, dass sie, sobald sie Morgenluft wittern und sich sicher sind, dass sie nichts zu befürchten haben und für ihre Verbrechen nicht oder nur unwesentlich belangt werden, hemmungslos ihren niedrigsten Instinkten freien Lauf lassen. Deshalb üben sie ihren Terror vorzugsweise für die Interessen der Herrschenden aus, wenn sie Politik mit Knüppeln auf der Straße machen wie etwa bei der Landtagswahl in Thüringen 2020.

Nicht zufällig werden sie von Politikern und Journalisten deshalb immer wieder beklatscht (und teilweise finanziert[19]). Saskia Esken (SPD) veröffentlicht Solidaritätsbekundungen[20], Sebastian Leber vom *Tagesspiegel* singt unter der Überschrift »Danke, liebe Antifa!« ein Loblied auf die Gewalttäter, denen wir, seiner Meinung nach, »viel zu verdanken« haben[21]. Und die ehemalige Justizministerin Christine Lambrecht (SPD) korrigierte 2022 ihren Gesetzentwurf zur Bestrafung von Menschen, die Feindeslisten führen, dahingehend, dass »journalistische und zivilgesellschaftliche Aufklärung« davon nicht betroffen seien, sprich: die Antifa weiter ungestraft denunzieren darf. »Antifaschistische Recherchearbeit«, wie es Martina Renner und Katharina König-Preuß (Linke) nennen[22].

Im Internet kursiert eine »Liste der 250 größten Menschenfeinde« mit den Namen von Leuten, bei denen »eigentlich nur eine Entnahme helfen« würde. »So macht man das auch mit gefährlichen Tieren, die Siedlungen zu nahe kommen.«[23] Diejenigen, die so etwas verbreiten, sehen keinen Widerspruch zwischen ihren angeblich humanistischen Idealen und deren faschistoider Umsetzung. Es dient ja einem höheren Ziel, da nimmt man es im Detail nicht so genau, nicht wahr? Dieselbe Argumentation kennen wir von jedem Diktator und jeder KZ-Wärterin. Die edlen Absichten. Wo gehobelt wird und so weiter. Der Zweck heiligt die Mittel.

Nichts dazugelernt

Offenbar haben viele Menschen – und gerade diejenigen, die so gern die Geschichte beschwören, um vor totalitären Bewegungen zu warnen – immer noch nicht die Verse von Pastor Martin Niemöller verstanden:

»Als die Nazis die Kommunisten holten, habe ich geschwiegen, ich war ja kein Kommunist.

Als sie die Sozialdemokraten holten, habe ich geschwiegen, ich war ja kein Sozialdemokrat.

Als sie die Juden holten, habe ich geschwiegen, ich war ja kein Jude.

Als sie die Katholiken holten, habe ich geschwiegen, ich war ja kein Katholik.

Als sie mich holten, gab es niemanden mehr, der protestieren konnte.«

Wer zulässt, dass Menschen, die Kritik an den herrschenden Zuständen äußern, mit dem Verlust ihres Arbeitsplatzes bestraft und sozial geächtet werden, dass denjenigen, die von ihrem Recht auf körperliche Selbstbestimmung Gebrauch machen, demokratische Grundrechte verwehrt oder dass Wahlen, deren Ergebnis einem nicht in den Kram passt, für ungültig erklärt werden, der darf sich nicht wundern, wenn er eines Tages selbst das Opfer jener totalitären Entwicklung wird, die er durch sein Schweigen unterstützt.

Zu Recht nennen Historiker die Weimarer Republik eine »Republik ohne Republikaner«, weil nur wenige Menschen damals bereit waren, die Werte der Demokratie zu verteidigen. Nicht anders heute, wo offen die Abschaffung von Meinungsfreiheit propagiert, abendländische Kultur ohne Not preisgegeben und Demokratie als überflüssiger Ballast angesehen wird. Viel zu wenige Menschen sind bereit aufzustehen und »Nein!« zu sagen.

Bedauerlicherweise kommt zu all diesen Parallelen noch hinzu, dass ein großer Teil der Bevölkerung blind ist für die zunehmende Gefahr. Für sie sind die offensichtlichen Schritte in Richtung Totalitarismus lediglich vereinzelte Entgleisungen oder gar erwünschte Strategien zur Bekämpfung unliebsamer Ansichten.

Politiker, Journalisten, NGOs beschwören derzeit das Schreckgespenst eines neuen Faschismus herauf, ohne verstanden zu haben, wie Hitler an die Macht gelangte. Sicher, auch die Weltwirtschaftskrise und die gezielte Verelendung des Volkes durch Brünings Wirtschaftspolitik werden dabei eine Rolle gespielt haben, aber die Hyperinflation 1923 und überhaupt die Hungerjahre nach dem verlorenen Ersten Weltkrieg hätten einen ebenso guten Nährboden für den Nationalsozialismus abgeben können. Haben sie aber nicht. Solange die Demokratie halbwegs gesund war, hat Hitler kein Bein auf den Boden bekommen. Ein Jahrzehnt lang, von der Gründung der Weimarer Republik bis 1929, haben er und seine Schlägertrupps demagogisiert, gehetzt, terrorisiert, sogar einen Putschversuch unternommen – ohne nennenswerten Erfolg. Erst ab 1930 gelang ihm plötzlich ein kometenhafter Aufstieg. Warum? Weil seine Gegner die Demokratie bereits vollständig ausgehöhlt hatten und das übrig gebliebene morsche Gerüst ihm keinen Widerstand mehr entgegensetzen konnte. »Das war Hitlers Chance. In der intakten (oder scheinbar intakten) Republik der Jahre 1925 – 1929 hatte er nichts zu bestellen gehabt. In der Staatskrise von 1930 wurde seine Partei mit einem Schlag zur zweitstärksten.« [SH* 73]

Ein großer Teil der Bevölkerung ist blind für die zunehmende Gefahr.

Verfassungswidrige Notverordnungen, die das Parlament entmachteten, Zensurmaßnahmen gegen »Falschnachrichten«, unverhältnismäßig harte Urteile gegen Regierungskritiker machten die Bevölkerung reif für eine Diktatur. Menschen, die daran gewöhnt sind, autoritär regiert und sofort bestraft zu werden, sobald sie nur die mildeste Kritik an den Herrschenden äußern, Menschen, die eingeschüchtert werden, denen man Gehorsam antrainiert hat, die gelernt haben, sich zu ducken, werden nicht plötzlich zu Rebellen, nur weil ein anderes Personal mit anderen Verboten ihr Leben bestimmt. Wer seinen Bürgern das Rückgrat bricht, darf keinen aufrechten Gang erwarten, nur weil die Obrigkeit wechselt.

Die Feinde der Demokratie erkennt man nicht zwangsläufig an ihren Zielen. Aber immer an ihren Methoden.

Aber unbeirrt von den Erfahrungen der Vergangenheit wiederholen diejenigen, die heutzutage das Menetekel einer braunen Gefahr an die Wand malen, die alten Fehler: Aushebelung des Parlaments durch Notverordnungen in der Coronakrise, massive Zensurmaßnahmen durch NetzDG und ähnliche Kontrollinstrumente, unverhältnismäßig harte Urteile gegen Regierungskritiker. Viele dieser Maßnahmen werden wie 1930, als die SPD die antidemokratische Politik Brünings tolerierte, explizit damit begründet, eine braune Gefahr im Keim ersticken zu wollen. Diejenigen, die behaupten, mit der Einschränkung von Meinungsfreiheit und demokratiefeindlichen Maßnahmen einen neuen Faschismus zu verhindern, sind damals wie heute genau diejenigen, die ihn erst möglich machen.

Wir lernen nichts aus der Geschichte. Weil wir uns von den individuellen Ausprägungen einer historischen Katastrophe so blenden lassen, dass uns deren Prinzipien entgehen. Sodass wir nur Ausschau halten nach wieder genau derselben Art von Katastrophe und nicht nach den Demagogen, die sich vielleicht gerade unserer Furcht davor bedienen. Deshalb sind wir zwar zu Recht wachsam gegenüber Fremdenfeindlichkeit und einem übersteigerten Nationalismus, aber auf dem linken Auge blind. Weil die linken Antidemokraten die richtige Gesinnung vor sich hertragen und von »Vielfalt«, »Gleichheit«, »Gerechtigkeit« schwatzen, während sie Recht und Gesetz aushöhlen, repressive Maßnahmen durchdrücken und eine neue Gesinnungsdiktatur etablieren.

Die Feinde der Demokratie erkennt man nicht zwangsläufig an ihren Zielen. Aber immer an ihren Methoden.

Cives Academici

Intoleranz und Fanatismus prägten das Denken und Handeln von Studenten in der Weimarer Republik. Unliebsame Professoren wurden von ihnen angegriffen und mit Hetzkampagnen verfolgt, beispielsweise Emil Julius Gumbel[1], der in seinen Büchern die Doppelmoral in der Justiz der Weimarer Republik anprangerte. Ähnlich erging es Georg Friedrich Nicolai[2] wegen seiner pazifistischen Auffassung und seiner Kritik am Sozialdarwinismus. Beiden wurde schließlich die Lehrbefugnis entzogen. Noch übler traf es Theodor Lessing[3], der es gewagt hatte, Hindenburg vorzuwerfen, er habe mehr Menschen in den Tod geschickt als Alexander, Cäsar und Attila. Studenten organisierten mit mindestens wohlwollender Duldung von Professoren ein Kesseltreiben gegen ihn, boykottierten seine Vorlesungen, beschimpften ihn als dreckigen Juden, bedrohten ihn, bewarfen ihn mit Steinen, trieben ihn stundenlang mit Knüppeln bewaffnet durch die Stadt und erreichten letzten Endes, dass er, zermürbt von der monatelangen Hetze, seinen Hut nahm. [RA, v. a. 289-291]

Nicht minder radikal gingen die Ideologen gegen jüdische und republikanisch gesinnte Kommilitonen vor, verprügelten sie und versuchten, die jüdischen Studenten aus den Universitäten hinauswerfen zu lassen. »Auch der treueste Freund deutschen Wesens muss resigniert schweigen, wenn er die brutale Intoleranz sieht, mit der die *cives academici* die andersdenkenden Minoritäten niederschreien oder auch wohl niederschlagen.«, schrieb Professor Nicolai dazu. [WB 548] Um die Absurdität auf die Spitze zu treiben, denunzierten sowohl Studenten als auch missgünstige Kollegen Albert Einsteins Theorien als »jüdische Physik«[4].

Vergessen werden sollte auch nicht, dass es Studenten waren, die 1933 in eigener Regie in ganz Deutschland Bücherverbrennungen vorbereiteten, organisierten und durchführten, beginnend mit der Plakataktion »Wider den undeutschen Geist« bis zu den rituellen »Feuersprüchen«. Studenten, die angetreten waren, das Wissen ihrer Zeit zu studieren, errichteten für eben dieses Wissen einen Scheiterhaufen[5].

Dies alles taten sie, weil sie sich der Rückendeckung durch Professoren, einen großen Teil der Medien und die »feineren Kreise« der Gesellschaft sicher sein konnten. Weil sie wussten, dass sie mit dem Zeitgeist schwammen und jener Ideologie das Wort redeten, die gerade in Mode war.

Der preußische Kultusminister Konrad Haenisch nannte höhere Lehranstalten und Universitäten zu Recht »die gefährlichsten Herde der gegenrevolutionären Bewegung«. [BT-4] Dabei – und das lernt man bedauerlicherweise nicht im Geschichtsunterricht in der Schule – sahen sich die betreffenden Studenten keineswegs als konservativ, im Gegenteil: Sie fühlten sich als Revolutionäre. Hatten sie doch nicht die Rückkehr des Kaisers im Sinn, sondern wollten die alte Ordnung hinwegfegen, die schwerfällige Weimarer Demokratie und die Andersdenkenden, die der erwünschten neuen Welt im Wege standen.

Hundert Jahre später finden wir an den Universitäten erneut ein Klima aus Intoleranz und Fanatismus vor. Heute denunzieren Studenten Professoren wie Herfried Münkler, Jörg Baberowski oder Michael Makropoulos wegen angeblicher -ismen (Rassismus, Sexismus, Eurozentrismus) und weil sie über »tote weiße Männer« lehren. [GK 373] Heute werden Kommilitonen ausgestoßen, wenn sie sich nicht den politisch korrekten Sprachregelungen unterwerfen, auf denen die Ideologen bestehen. [GK 383] Heute tritt dieselbe bornierte Sorte *cives academici* wie damals für Genderzwang ein oder verbietet Männern den Mund, sobald Frauen eine Diskussion für beendet erklären. [GK 465]

Auch heute wollen manche Studenten nicht mit Gedanken in Kontakt gebracht werden, die womöglich ihren Horizont erweitern könnten, und verlangen deshalb, die Bücher von Kant, Hegel, Platon, Rousseau aus Unterricht und Bibliotheken zu verbannen, [GK 368] während ihre Unterstützer eine »Kennzeichnung rechter Bücher« fordern. [GK 455] Heute schwafeln die universitären Scharlatane nicht mehr von »jüdischer Physik«, dafür aber von »männlicher Wissenschaft«[6] und halten Wissenschaft überhaupt ebenso wie Wahrheit oder Freiheit für Herrschaftsinstrumente alter weißer Männer. [GK 409-410, 441, 442] Heute beteiligen sich die studentischen Demagogen an einer Gehirnwäsche der Gesellschaft durch Gender Studies und die »Frauisierung der Sprache«[7].

Und so, wie sich damals völkische Studentengruppen »das Recht der Alleinvertretung aller Studenten« anmaßten, [VZ*] maßen sich heute linksextremistische AStAs das Recht an, selbstherrlich die Geschicke ihrer Universität zu lenken und zu bestimmen, wer dort reden darf und wer nicht, [GK 339, 395] ob Andersdenkende »eine Plattform geboten« bekommen oder dass ein Gedicht von Eugen Gomringer von der Fassade der Alice-Salomon-Hochschule entfernt wird, weil es vermeintlich »eine patriarchale Kunsttradition« repoduziere. [GK 398-399, 466] Und merken nicht einmal, dass »nur die, die wissen, dass sie über Macht verfügen, (...) sich überhaupt die Frage stellen« können, »ob sie andere tolerieren, das heißt: aushalten, erdulden möchten – oder eben nicht.« [Jan Freyn, RU 29]

Damals wie heute greifen viele Universitätsleitungen und Professoren nicht nur nicht ein, sondern unterstützen den Terror radikaler Studenten noch: » … so ist mitschuldig daran das duldende oder sympathisierende Verhalten von Professoren und Universitätsbehörden«. [BT-5] Willig wird jeder Befindlichkeit der Extremisten nachgegeben, wenn etwa der Senat der Universität Potsdam das generische Maskulinum durch die weibliche Form ersetzt, weil seine Mitglieder Angst vor feministischem Terror haben. [GK 354] Andere definieren ihr Einknicken vor dem studentischen Mob zum progressiven demokratischen Prozess um[8]. Das antidemokratische Verhalten von Studenten an vielen Hochschulen, die eine Gesinnungsdiktatur fordern und unliebsame Professoren an ihrer Arbeit hindern, wird von der »Exzellenzuniversität Hamburg« als »diskursive Auseinandersetzung« bezeichnet[9], die an Universitäten üblich sei und von den Professoren ausgehalten werden müsse. In Wahrheit haben es Dozenten versäumt, Studenten Grundregeln der Wissenschaft beizubringen, und befördern stattdessen ein Klima der Ausgrenzung[10].

Nicht wenige Dozenten sind ohnehin auf Seiten der Eiferer. Manche Professorinnen setzen einen Genderzwang durch und drohen bei Missachtung mit Punktabzug [GK 384-385] oder rufen gleich zu feministisch motivierten Straftaten wie Farbattacken oder die Verhinderung unerwünschter Vorlesungen auf. [GK 368] An der Uni Köln versteigt sich eine Dozentin zu der Behauptung: »Universitäten sind kein Ort der Meinungsfreiheit.« [GK 494]

Auch das Entsorgen von Büchern mit unbequemem Inhalt ist kein Tabu mehr. Zwei Redakteurinnen des Börsenvereins des Deutschen Buchhandels schwärmen von der »Auslistung« von Büchern: »Individuelle Sperroptionen sollen jetzt für mehr Gestaltungsspielraum im Onlinesortiment sorgen.«[11] Und die Sortimenter machen mit.

Es handelt sich erneut um eine totalitäre, antidemokratische und wissenschaftsfeindliche Bewegung, die sich selbst als revolutionär und progressiv begreift. Es handelt sich um dasselbe feige Mitläufertum, das nur in einem Umfeld gedeihen kann, das solche Demagogie schützt und ermuntert.

»Zensoren und Bücherverbrenner beanspruchen hohe Ideale für sich und geben sich als Hüter von Moral und Tugend. (…) Daran hat sich auch in unserer Gegenwart wenig verändert, nur dass sich unsere Definitionen von

Tugend oder Moral verändert haben.« [HI 25] Noam Chomsky weist darauf hin, dass Hochschulen Sozialisierungsinstitute sind, die Konformität und Gehorsam belohnen. [JW 110-111] Der Medienwissenschaftler Norbert Bolz formuliert es drastischer: »Man darf nicht vergessen, dass Universitäten Biotope der Weltfremdheit sind. Nirgendwo kann man intellektuell so losgelöst von der Wirklichkeit argumentieren.«[12]

Plädoyer für eine offene Debatte

Nicht die Wahrheit, in deren Besitz irgend ein Mensch ist, oder zu sein vermeinet, sondern die aufrichtige Mühe, die er angewandt hat, hinter die Wahrheit zu kommen, macht den Wert des Menschen.

Gotthold Ephraim Lessing

»Freiheit ist immer die Freiheit des Andersdenkenden«, schrieb Rosa Luxemburg, und auch wenn sie diese Aussage ausschließlich auf Meinungsvielfalt innerhalb der eigenen Partei bezogen wissen wollte, so handelt es sich hierbei doch um eine universelle Gesetzmäßigkeit. »Ich missbillige alles, was Sie sagen, aber ich würde mein Leben dafür einsetzen, dass Sie es sagen dürfen.« – mit diesem Satz hat Voltaires Biografin Evelyn Beatrice Hall auf pointierte Weise die Einstellung des französischen Philosophen zur Meinungsfreiheit zusammengefasst, und man muss nicht gleich für Ansichten, die einem zuwider sind, sterben wollen, um zu begreifen, dass Meinungsfreiheit nur ganz oder gar nicht gilt und das Eintreten dafür keine Frage der Gesinnung sein darf. Übrigens auch nicht der gepflegten Sprache: »Redefreiheit ist nicht nur etwas für die höflichen Verfechter eines ›zivilisierten‹ Diskurses. Sie muss vor allem für jene gelten, die anecken – die Häretiker.« [TS 30]

Wie wichtig es ist, abweichende Meinungen zuzulassen, schon aus eigennützigen Motiven, hat Israel 1973 erfahren müssen. Damals wurde das Land durch eine arabische Militärkoalition überrascht, die zum Jom-Kippur-Krieg führte. Die israelischen Generäle hatten entsprechende Warnungen nicht ernst genommen, ihre Ansichten verstärkten sich mangels Widerspruchs gegenseitig und verdichteten sich zur trügerischen Gewissheit. Nach dem unerwarteten Angriff führten die Israelis deshalb das »Prinzip des zehnten Mannes« ein, der als *advocatus diaboli* die Aufgabe hat, alles, was die anderen neun sagen, infrage zu stellen, um neue Sichtweisen zu ermöglichen.

Dass es überhaupt nötig ist, den Wert von Zweifeln, von Widerspruch, von Nonkonformismus ins Bewusstsein zu rufen, zeigt, wie selbstverständlich antidemokratisches Denken in unserer Gesellschaft geworden ist. Allzu viele Menschen sind bereit, ihr Unbehagen gegenüber offiziell verordneten Ansichten zu verdrängen und sich einem autoritären Staat zu beugen oder um einer diffusen Gefahr willen reale Gefahren zu ignorieren, etwa die sofortige Aushöhlung der Demokratie hinzunehmen, um einer eventuell möglichen Viruserkrankung, Klimakatastrophe oder Erstarkung rechter Gruppierungen zu begegnen.

Um zu verstehen, weshalb es abweichende Meinungen so schwer haben, kann ein Blick auf sozialpsychologische Erkenntnisse hilfreich sein. Beispielsweise auf den Versuch von Solomon Asch aus dem Jahr 1953, in dem er Probanden bei einem angeblichen Sehtest Striche unterschiedlicher Länge zeigte und von ihnen wissen wollte, welche davon gleich lang seien. In Wahrheit war jedoch nur einer der Beteiligten die Testperson, bei den anderen handelte es sich um Schauspieler, die allesamt eine falsche Lösung angaben. Ein großer Teil der Testpersonen beugte sich dem Gruppendruck und schloss sich der Mehrheitsmeinung an. Viele von ihnen waren sich dessen nicht einmal bewusst, sondern glaubten wirklich an das, was sie sagten: Ihre Wahrnehmung hatte sich angepasst. Ein Lehrstück, das einen guten Teil der allgemeinen Zustimmung zu den teilweise absurden Glaubenssätzen erklärt, die uns seit Jahren in die Köpfe gehämmert werden.

Konformismus, heutzutage als »Teamgeist« oder gar »wissenschaftlicher Konsens« schöngeredet, ist eine Brutstätte für radikale Ansichten.

Ein weiterer Teil erklärt sich durch den Effekt der Gruppenpolarisierung. Der Psychologe Irving Janis hat Gruppendenken unter anderem durch den Glauben an die moralische Überlegenheit der Gruppe und die stereotype Abwertung von Informationen von außerhalb definiert. Der Jurist Cass R. Sunstein wiederum fand heraus, dass Gruppen Gleichgesinnter dazu neigen, sich zu radikalisieren, weil sich ihre einseitigen Informationen und vorgefassten Meinungen gegenseitig verstärken. Da in einer Gruppe diejenigen dominieren, die bereits eine ausgeprägte Meinung haben, während die Unsicheren schweigen, glauben Zweifler zunehmend allein zu stehen und lassen sich schließlich umstimmen. Niemand möchte gern ein Abweichler sein. Deshalb ist Konformismus, heutzutage als »Teamgeist« oder gar »wissenschaftlicher Konsens« schöngeredet, eine Brutstätte für radikale Ansichten, wie die Psychologin Charlan Nemeth feststellte, die sich seit Jahrzehnten mit Querdenkern und Minderheiten beschäftigt.

Ein Versuch des Sozialpsychologen Leon Festinger erklärt, warum Ideologen Fakten ignorieren und an ihrem Glauben festhalten. Festinger wollte herausfinden, was geschieht, wenn Glaube und Realität aufeinanderprallen, und schaute sich in Lake City, Minneapolis, die Sekte um die Hausfrau Marian Keech näher an, die behauptete, eine Flut werde am 21. Dezember 1950 große Teile der Menschheit vernichten, wer jedoch ihrem Glauben folge, werde durch ein Raumschiff gerettet werden. Eine Außerirdische namens Sandana habe ihr das mitgeteilt. Als nun an jenem Tag die erwartete Katastrophe ausblieb, was geschah? Weder kamen die Hörigen zur Besinnung, noch fühlten sie sich betrogen, im Gegenteil: Sie waren noch leidenschaftlicher davon überzeugt, dem rechten Glauben anzuhängen, und behaupteten, nur aufgrund ihres Einsatzes sei die Erde vom Untergang verschont geblieben[1].

Festinger nennt dies Kognitive Dissonanz[2]: Zwei oder mehrere Wahrnehmungen stehen im Widerspruch zueinander und erzeugen eine innere Spannung, die nach Auflösung verlangt. Dies gelingt, indem Informationen relativiert, umgedeutet oder aus dem Bewusstsein verbannt werden. Festinger schreibt: »Jemanden mit einer Überzeugung kann man schwer ändern. Wenn man ihm sagt, man sei anderer Meinung, wird er sich von einem abwenden. Wenn man ihm Fakten oder Zahlen nennt, wird er die Quelle anzweifeln. Wenn man an die Logik appelliert, wird er den entscheidenden Punkt nicht sehen. Wir haben alle schon erlebt, wie fruchtlos es ist, jemandem eine starke Überzeugung auszureden, besonders wenn der so Überzeugte einiges in seine Überzeugung investiert hat.«[3]

Solche Abwehrmechanismen kennen wir aus der Gegenwart zur Genüge. Egal wie viele Fakten man aufeinandertürmt, nichts erreicht gläubige Ideologen, aus den oben genannten Gründen. Zumal jemand, der Staatsmacht und Medien hinter sich weiß, es sich leisten kann zu ignorieren, womit er sich nicht auseinandersetzen möchte. Das macht es so schwer, eine Erfolg versprechende Strategie zu finden, um unliebsame Wahrheiten ans Licht zu bringen. Was tut man, wenn einer ungleich mächtigeren Gegenpartei Argumente gleichgültig sind?

Immerhin hat Solomon Asch seine Experimente fortgesetzt und ein Ergebnis erzielt, das Hoffnung macht: Sobald seine Testpersonen nicht mehr allein standen, sondern nur einen einzigen Mitstreiter an ihrer Seite wussten, der ebenfalls aus dem Konsens ausscherte, sank die Rate derer, die dem Konformismus nachgaben, auf 10 Prozent.

Demokratie muss seit jeher gegen die Eliten verteidigt werden. Ohne eine Kultur der offenen Debatten und des Respekts vor Andersdenkenden ist sie zum Scheitern verurteilt. Um Meinungsvielfalt zu ermöglichen, ist es daher nötig, zum Austausch sachlicher Argumente zurückzukehren, statt einen hysterischen Moralismus gefühlter Wirklichkeit wie einen Schild vor sich herzutragen. »Die freie Debatte über alle Themen dient der Wahrheitsfindung. (...) Wer die Konfrontation von Ideen verhindert, tut dies aus Angst vor der Schwäche des eigenen Standpunkts.«[4] »Nur im offenen Wettstreit der Ideen kann sich jeder einzelne eine Meinung bilden und entsprechend politisch handeln. In einer Demokratie haben wir also die Aufgabe, den Wettstreit der Ideen nicht nur zu dulden, sondern zu kultivieren.« [BS 22]

Wem die Demokratie am Herzen liegt, wer seine Menschlichkeit noch nicht verloren hat, respektiert den andern als einzigartiges Individuum mit einem Recht auf eigene Meinung. Wer sich hingegen mit Denunziationen, Hetze und Ausgrenzung gegen Widerspruch abschottet, verrät seine Furcht. »Fanatismus ist nichts anderes als überkompensierter Zweifel«, fand Carl Gustav Jung schon 1920 heraus. [CJ 381]

Sobald wir anfangen, unsere Zweifel ernst zu nehmen und uns Unsicherheiten und Ungewissheiten zuzugestehen, haben wir es nicht mehr nötig, unser Gegenüber mit unlauteren Methoden mundtot zu machen. Dann können wir wieder lernen, auf Augenhöhe miteinander zu streiten. Argumente auszutauschen und dem anderen dabei zuzuhören. Um den richtigen Weg zu ringen. Möglicherweise auch mal falsch zu liegen. Übers Ziel hinauszuschießen. Wütend zu werden. Das alles ist kein Beinbruch. Solange wir miteinander streiten.

~

Quellen

Gedruckte Quellen

[AR] = Arthur Rosenberg: *Geschichte der Weimarer Republik* (Europäische Verlagsanstalt, Frankfurt am Main 1975)

[BM] = Birk Meinhardt: *Wie ich meine Zeitung verlor* (Das Neue Berlin, Berlin 2020)

[BS] = Sabine Beppler-Spahl (Hg.): *Cancel Culture und Meinungsfreiheit* (Novo Argumente Verlag, Frankfurt am Main 2022)

[BT-1] = Berliner Tageblatt vom 12. April 1932 (Morgenausgabe)

[BT-2] = Berliner Tageblatt vom 18. Juli 1930 (Abendausgabe)

[BT-3] = Berliner Tageblatt vom 19. August 1932 (Abendausgabe)

[BT-4] = Berliner Tageblatt vom 12. März 1920 (Morgenausgabe)

[BT-5] = Berliner Tageblatt vom 13. November 1929 (Morgenausgabe)

[BV] = Berliner Volkszeitung vom 31. Januar 1920

[CH] = Chronik: Tag für Tag in Wort und Bild, 1931 (Bertelsmann-Lexikon-Verlag, Gütersloh 2001)

[CJ] C. G. Jung: Gesammelte Werke, Band 6: Psychologische Typen (Walter Verlag, Olten und Freiburg im Breisgau 1981)

[CK] = Charlie Kaufhold: *In guter Gesellschaft?* (Edition Assemblage, Münster 2015)

[DS] = Daniel Siemens: *Horst Wessel: Tod und Verklärung eines Nationalsozialisten* (Siedler, München 2009)

[EF] = Erwin Eckert & Emil Fuchs: *Blick in den Abgrund. Das Ende der Weimarer Republik im Spiegel zeitgenössischer Berichte und Interpretationen* (Pahl-Rugenstein, Bonn 2002)

[EW] = Ernst Wolff: *World Economic Forum* (Klarsicht, Hamburg 2022)

[GK] = Gunnar Kunz: *Besonders Frauen. Schwarzbuch Feminismus 1968 – 2019* (KDP, 2020)

[GM] = Graeme Maxton: *Globaler Klimanotstand* (Komplett-Media, München 2020)

[HA] = Hektor Haarkötter: *Wie kommt die Nachricht (nicht) in die Medien?* in: Ronald Thoden: *ARD & Co: Wie Medien manipulieren*, Band 1 (Selbrund, Frankfurt am Main 2015)

[HI] = Hans J. Hillerbrand: *Verbrannte Bücher, verbrannte Menschen* in: Julius H. Schoeps & Werner Tress (Hg.): *Verfemt und verboten* (Olms, Hildesheim 2010)

[HMK] = Hans Mathias Kepplinger: *Totschweigen und skandalisieren. Was Journalisten über ihre eigenen Fehler denken* (Halem, Köln 2017)

[HRK] = Hubert Renfro Knickerbocker: *Deutschland so oder so?* (Rowohlt, Berlin 1932)

[IK] = Immanuel Kant: *Bemerkungen in den »Beobachtungen über das Gefühl des Schönen und Erhabenen«* (Felix Meiner, Hamburg 1991)

[JW] = Jens Wernicke: *Lügen die Medien? Propaganda, Rudeljournalismus und der Kampf um die Öffentliche Meinung* (Westend, Frankfurt am Main 2017)
[KG] = Klaus Gietinger: *Eine Leiche im Landwehrkanal* (Verlag 1900, Berlin 1995)
[MH] = Michael Hartmann: *Die Abgehobenen. Wie die Eliten die Demokratie gefährden* (Campus, Frankfurt am Main 2018)
[MK] = Marcus B. Klöckner: *Sabotierte Wirklichkeit oder: Wenn Journalismus zur Glaubenslehre wird* (Westend, Frankfurt am Main 2019)
[NB] = Norbert Bolz: *Der alte weiße Mann. Sündenbock der Nation* (Langen Müller, München 2023)
[NH] = Norbert Häring: *Endspiel des Kapitalismus* (Quadriga (Bastei), Köln 2021)
[NP] = Neil Postman: *Wir amüsieren uns zu Tode* (Fischer Taschenbuch, Frankfurt am Main 1992)
[PM] = Peter de Mendelssohn: *Zeitungsstadt Berlin* (Ullstein, Frankfurt am Main – Berlin – Wien 1982)
[PW] = Richard David Precht & Harald Welzer: *Die vierte Gewalt* (S. Fischer, Frankfurt am Main 2022)
[RA] = Rainer Marwedel: *Theodor Lessing* (Luchterhand, Darmstadt – Neuwied 1987)
[RM] = Rainer Mausfeld: *Warum schweigen die Lämmer?* (Westend, Frankfurt am Main 2018)
[RT] = Ronald Thoden (Hg.): *ARD & Co. Wie Medien manipulieren.* Band 1 (Selbrund, Frankfurt am Main 2015)
[RU] = Raymond Unger: *Vom Verlust der Freiheit* (Europa, München 2021)
[SE] = Antoine de Saint-Exupéry: *Die Stadt in der Wüste* (Ullstein, Frankfurt am Main – Berlin 1989)
[SH] = Sebastian Haffner: *1918/19* (Rowohlt Taschenbuch, Reinbek bei Hamburg 1988)
[SH*] = Sebastian Haffner: Anmerkungen zu Hitler (Kindler, München 1978)
[TM] = Thomas Meyer: *Die Unbelangbaren. Wie politische Journalisten mitregieren* (Suhrkamp, Berlin 2015)
[TS] = Thilo Spahl (Hg.): *Sag, was du denkst!* (Novo Argumente Verlag, Frankfurt am Main 2021)
[UK] = Uwe Krüger: *Mainstream* (C. H. Beck, München 2016)
[UK*] = Uwe Krüger: *Meinungsmacht. Der Einfluss von Eliten auf Leitmedien und Alpha-Journalisten* (Halem, Köln 2013)
[UT] = Ulrich Teusch: *Lückenpresse* (Westend, Frankfurt am Main 2016)
[VZ] = Vossische Zeitung vom 7. Juni 1922 (Morgenausgabe)
[VZ*] = Vossische Zeitung vom 22. Dezember 1929
[WB] = Die Weltbühne, 16. Jg 1920, 2. Halbjahr (Athenäum Verlag, Königstein im Taunus 1978)

Zitate vor dem Vorwort sowie am Beginn der Kapitel

Günter Eich: Gesammelte Werke, Band 4: Vermischte Schriften (Suhrkamp, Frankfurt am Main 1973) S. 415
Günter Eich: Gesammelte Maulwürfe (Suhrkamp, Frankfurt am Main 1972) S. 69
Ulrich Beck, zitiert nach Thomas Meyer: Die Unbelangbaren (Suhrkamp, Berlin 2015), S. 13
Robert Pfaller: Erwachsenensprache (Fischer Taschenbuch, Frankfurt am Main 2017) S. 20-21
Georg Wilhelm Friedrich Hegel: Werke 12: Vorlesungen über die Philosophie der Geschichte (Suhrkamp, Frankfurt am Main 1970) S. 17

Gotthold Ephraim Lessing: Werke und Briefe in 12 Bänden, Band 8: Werke 1774-1778 (Hg. von Arno Schilson) (Deutscher Klassiker Verlag, Frankfurt am Main 1989) S. 510

Links

Die folgenden Links wurden fast alle entweder unter archive.org oder unter archive.today gesichert. Archive.today besitzt mehrere Unterseiten. Diese enden auf .is .fo .il .md .ph oder .vn. Sollte einer der nachstehenden Links von archive.today zeitweilig nicht funktionieren, lässt sich die jeweilige Seite mit hoher Wahrscheinlichkeit dennoch aufrufen, indem man lediglich die Domainendung gegen eine der anderen Domainendungen austauscht.

Vorwort

1 Deutsches Historisches Museum: Blogparade: Was bedeutet mir die Demokratie? unter dhm.de (30.4.2019): https://archive.is/s8KLM

Eine Zensur findet statt

1 focus.de: Brisante Umfrage: Fast ein Drittel der Deutschen glaubt, in einer Scheindemokratie zu leben: https://archive.is/K371y

2 Liberale Warte: Millionen Deutsche in Sorge: Auf dem Weg in den totalitären Staat. S. unter peymani.de (7.2.2022): https://archive.is/ppIOR

3 Clark, Cory: The Gender Gap in Censorship Support. S. unter psychologytoday.com (28.4.2021): http://archive.is/PxH2g

4 Soave, Robby: Millenials More Likely to Support Censorship of Offensive Speech Than Older Americans. S. unter reason.com (20.11.2015): https://archive.is/MMM1S

5 Mansfeld, Hasso [Rasenspießer]: Und wenn jemand die antidemokratischen Tendenzen von FFF anspricht ... [Tweet] (25.9.2021): https://archive.is/FSW1U

6 3Sat.de: Mehr Zensur wagen? – Der Kampf gegen Hass im Netz: https://archive.is/feleT

7 Zanetti, Claudio: »Keine Wahl zwischen Zeit und Demokratie«: »Fridays for Future«-Aktivistin Luisa Neubauer legitimiert Aushebeln der Demokratie aus Zeitgründen. S. unter weltwoche.ch (19.10.2022): https://archive.is/PTDO4

8 Roth, Johanna: Rentner, gebt das Wahlrecht ab!. S. unter taz.de (1.6.2019): http://archive.is/GcHdj

9 Schubert, Dr. Karsten: Pluralität verteidigen: Vier Gründe, warum wir die Wissenschaftsfreiheit in Europa neu überdenken müssen. S. unter gwi-boell.de (14.6.2021): https://archive.is/FbqSF

10 meinungsfreiheit.steinhoefel.de: Unterstützen Sie die »Meinungsfreiheit im Netz«: https://archive.is/NdZTR

11 cancelculture.de: Über das Projekt: https://archive.is/nmaaO

12 cancelculture.de: Cancel Culture im deutschsprachigen Raum: https://cancelculture.de/

13 maninthemiddle.blogspot.com: Das Derailing der Cancel Culture-Debatte: https://archive.is/2RS3c

14 Spahl, Thilo: Der Kampf um das freie Wort. S. unter novo-argumente.com (21.9.2020): https://archive.is/HDHI4

15 Kruchem, Thomas: Weltgesundheitsorganisation am Bettelstab: Das Dilemma der WHO. S. unter deutschlandfunkkultur.de (16.5.2017): https://archive.is/5W8qp

16 University of Massachusetts Boston: Overview of WEFs Perspective: Four New Institutional Ideas. S. unter umb.edu: https://archive.is/athdt

17 Häring, Norbert: Der Krieg gegen das Bargeld eskaliert. S. unter: nachdenkseiten.de (2.12.2016): https://archive.is/T3kB5

18 Häring, Norbert: Mit dem WHO-Pandemievertrag in den autoritären Transhumanismus. S. unter norberthaering.de (30.3.2022): https://archive.is/TbeTF

19 Häring, Norbert: Auf US-Initiative soll ein großer Schritt in die WHO-Pharma-Diktatur beschlossen werden. S. unter norberthaering.de (10.5.2022): https://archive.ph/phCKA

20 Häring, Norbert: Das Weltwirtschaftsforum stellt seinen neuen Einflussagenten vor – Schwerpunkt sind 2022 Digitalisierungsministerien. S. unter norberthaering.de (23.4.2022): https://archive.ph/udMer

21 Oysmüller, Thomas: In Italien: Erstes europäisches Sozialkreditsystem kommt. S. unter tkp.at (19.4.2022): https://archive.ph/QJaHv

22 Europäisches Parlament: New Development in Digital Services. S. unter europarl.europa.eu (Mai 2020): http://web.archive.org/web/20201113094922/https://www.europarl.europa.eu/RegData/etudes/STUD/2020/648784/IPOL_STU(2020)648784_EN.pdf

23 sciencefiles.og: Digitale Machtergreifung: Die EU schafft sich eine Handhabe, Meinungsfreiheit. S. unter dem Vorwand einer »Pandemie« komplett abzuschaffen (23.4.2022): https://archive.is/o4bd5

24 Häring, Norbert: Vom Ende der Meinungsfreiheit in Europa. S. unter norberthaering.de (10.8.2022): https://archive.ph/4GPeT

25 lostineu.eu: Der unglaubliche Machtzuwachs der EU-Kommission (26.4.2022): https://archive.is/tY7mi

26 Junius: Die schleichende Einführung eines Brüsseler Superstaates?. S. unter i-daf.org (8.5.2022): https://archive.ph/Rbux8

27 achgut.com: Wird bereits am EU-weiten Überwachungsnetz gebaut? (23.5.2022): https://archive.ph/WOu8t

28 Häring, Norbert: Wie die EU mit Steuergeld Regierungskritiker denunzieren lässt. S. unter norberthaering.de (6.1.2022): https://archive.is/FI31T

29 manndat.de: Plant die EU ein Gütesiegel für Männerdiskriminierung? (25.4.2022): https://archive.is/WJiyQ

30 Rupp, Stephanie: Die EU öffnet der Todesstrafe eine Hintertüre. S. unter nordbayern.de (3.9.2009): https://archive.ph/CPmDa

31 Hörrlein, Simone: Albtraum Künstliche Intelligenz (1.Teil). S. unter rubikon.news (28.5.2022): https://archive.is/Gu3uC

32 Hörrlein, Simone: Albtraum Künstliche Intelligenz (2.Teil). S. unter rubikon.news (31.5.2022): https://archive.is/QVFBy

33 RT Deutsch: Der Transhumanismus als menschenverachtende neoliberale Religion. S. unter test.rtde.tech (23.6.2022): https://archive.ph/SCEin

34 Eichner, Jakob: Staatstrojaner: Chronologie des staatlichen Hackings. S. unter digitalcourage.de (2.11.2018)): https://archive.is/8EUNl

35 Krempl, Stefan: Staatstrojaner für Geheimdienste: Sehenden Auges in die Verfassungswidrigkeit. S. unter heise.de (17.5.2021): http://web.archive.org/web/20210518070803/https://www.heise.de/news/Staatstrojaner-fuer-Geheimdienste-Sehenden-Auges-in-die-Verfassungswidrigkeit-6047874.html?seite=all

36 Meister, Andre: Bundespolizeigesetz: Große Koalition einigt sich auf Staatstrojaner-Einsatz schon vor Straftaten. S. unter netzpolitik.org (8.6.2021): https://archive.is/uEIkl

37 Häring, Norbert: Die Schnüffelsoftware von Palantir wird auf die polizeilichen Daten der Deutschen losgelassen. S. unter norberthaering.de (9.4.2022): https://archive.ph/f4Qka

38 Ministerium für Kinder, Jugend, Familie, Gleichstellung, Flucht und Integration des Landes Nordrhein-Westfalen: Aufbau von vier Meldestellen zu queerfeindlichen und rassistischen Vorfällen gestartet. S. unter mkffi.nrw (1.7.2022): https://archive.ph/uoWRp

39 Constanze: Personalausweis: Zwangsweise Abgabe der Fingerabdrücke kommt vor den EuGH. S. unter netzpolitik.org (2.2.2022): https://archive.is/SUyHA

40 Krempl, Stefan: Grundrechte-Report: Wider ein »Supergrundrecht« Sicherheit. S. unter heise.de (23.5.2017): http://web.archive.org/web/20220930201728/https://www.heise.de/newsticker/meldung/Grundrechte-Report-Wider-ein-Supergrundrecht-Sicherheit-3723179.html

41 Reuter, Markus: Dauerfeuer gegen das Grundgesetz – so treibt die Große Koalition das Land in den Überwachungsstaat. S. unter netzpolitik.org (21.6.2017): https://archive.is/Rud2h

42 sciencefiles.org: Insgeheime Gesetzesänderung: Homeoffice setzt Unverletzlichkeit der Wohnung außer Kraft (15.3.2021): https://archive.is/uhr7W

43 Wendt, Alexander: Delegitimeren kann der Staat nur sich selbst. S. unter publicomag.com (18.12.2022): https://archive.vn/bJijP

44 Bundesministerium für Justiz: Gesetz für einen besseren Schutz hinweisgebender Personen (Hinweisgeberschutzgesetz – HinSchG). S. unter gesetze-im-internet.de (31.5.2023): https://archive.is/1jcPN

45 Riva, Catherine & Tinari, Serena: Covid-Zertifikat als Türöffner – auch für die elektronische ID. S. unter infosperber.ch (26.11.2021): https://archive.md/dEJWn

46 freiewelt.net: Nächster Schritt zur totalen Überwachung: Pläne zur Fusion von Impfpass und Personalausweis (13.1.2022): https://archive.is/V7097

47 Häring, Norbert: G20 wollen digitale Gesundheitspässe auf Dauer zur Voraussetzung für Reisefreiheit machen.S. norberthaering.de (17.11.2022): https://archive.is/4KqFI

48 infosperber.ch: Was die Coronakrise mit der digitalen Identität zu tun hat (2) (29.11.2021): https://archive.md/jtnS8

49 Häring, Norbert: Die Bundesregierung will nach Blaupause des Weltwirtschaftsforums ein digitales Identitätsökosystem errichten. S. norberthaering.de (12.5.2021): https://archive.is/6fWCu

50 datenschutz.org: Bürger-Identifikationsnummer: Macht die Steuer-ID uns künftig zum gläsernen Menschen? (31.8.2022): https://archive.is/SCPsa

51 Jeschke, Wolfgang: Volksrepublik Deutschland. S. unter rubikon.news (7.7.2021): https://archive.is/TG3Fr

52 Bundesministerium für Umwelt, Naturschutz, Bau und Reaktorsicherheit: Smart City Charta: Digitale Transformation in den Kommunen nachhaltig gestalten. S. unter bmi.bund.de (2017): http://web.archive.org/web/20210508001224/https://www.bmi.bund.de/SharedDocs/downloads/DE/veroeffentlichungen/themen/bauen/wohnen/smart-city-charta-langfassung.pdf?__blob=publicationFile&v=7

53 reitschuster.de: Haben wir Staats-Youtuber? Unglaubliche neue Details zur indirekten Medien-Finanzierung (30.7.2020): https://archive.is/XWvCi

54 Schoenmakers, Jan: Renaissance der Propaganda. S. unter cicero.de (17.9.2021): https://archive.is/IjYzw

55 Kraus, Josef: Woke »Gegneranalyse« als »Demokratie«-Gouvernante?. S. unter reitschuster.de (25.6.2022): https://archive.ph/vvgDY
56 nachdenkseiten.de: »Gegneranalyse« - Das Bundesfamilienministerium finanziert ein Überwachungs- und Diffamierungsportal gegen kritische Medien (1.7.2022): https://archive.ph/xNeI7
57 Warweg, Florian: 5 Millionen Euro Steuergelder – Skandal um Finanzierung der Grünen-nahen Denkfabrik »LibMod« weitet sich aus. S. unter nachdenkseiten.de (25.8.2022): https://archive.ph/ZalLu
58 Warweg, Florian: Familienministerium räumt finanzielle Vorzugsbehandlung des Grünen-nahen Projekts »Gegneranalyse« ein. S. unter nachdenkseiten.de (4.5.2023): https://archive.is/aXEjh
59 Peymani, Ramin: Kommt jetzt der grüne Totalitarismus und der Überwachungsstaat?. S. unter theeuropean.de (2.3.2021): https://archive.is/prJoW
60 demofueralle.de: Wird Indoktrination in der Schule bald normal? (9.2.2023): https://archive.is/Ku1lN
61 Strate, Gerhard: Bundeszentrale für politische Blödheit. S. unter cicero.de (20.6.2021): https://archive.is/ywDou
62 Bundeszentrale für politische Bildung: Krieg in den Medien: Was ist Propaganda?. S. unter bpb.de (1.10.2011): https://archive.ph/bNmkx
63 Meister, Andre & Biselli, Anna: Justizministerium: Urheberrechtsverletzungen sind jetzt digitale Gewalt. S. unter netzpolitik.org (14.4.2023): https://archive.is/KcWI2
64 Häring, Norbert: Maas will mit der US-Regierung eine Zensurallianz für soziale Medien schmieden. S. unter norberthaering.de (6.4.2021): https://archive.is/uPLDa
65 deutsche-wirtschafts-nachrichten.de: Bundesjustizministerium kündigt verstärkte Zensur und Kontrolle im Internet an (7.1.2021): http://archive.is/YwrSv
66 Krempl, Stefan: Gesetze gegen Hass und zur Passwortherausgabetreten in Kraft. S. unter heise.de (1.4.2021): http://archive.is/nwOcP
67 Kaufmann, Annelie: Gesetz gegen Hasskriminalität verfassungswidrig? Aufwendig Reparatur nötig. S. unter lto.de (18.9.2020): https://archive.is/3PUTS
68 Meister, Andre: Staatstrojaner: Provider sollen Internetverkehr umleiten, damit Geheimdienste hacken können. S. unter netzpolitik.org (9.7.2020): http://archive.is/D2m58
69 De Lapuente, Roberto J.: Das Ausfiltern der Anderen. S. unter neulandrebellen.de (25.5.2021): https://archive.is/k7PvA
70 Strate, Gerhard: »Verharmlosung« von Kriegsverbrechen: Kriminalisierung des politischen Gegners. S. unter cicero.de (31.10.2022): https://archive.ph/vbKqV
71 de.wikipedia.org: Infektionsschutzgesetz: https://archive.is/vBaaI
72 Lengsfeld, Vera: Heute setzen die Abgeordneten des Bundestages das Grundgesetz außer Kraft. S. unter freiewelt.net (18.11.2020): https://archive.is/vM2en
73 Maier, Michael: Heribert Prantl: »Ich hoffe, dass die Gesellschaft aufwacht«. S. unter berliner-zeitung.de (30.1.2021): https://archive.is/trZYp
74 renovatio.org: Hans-Jürgen Papier: Der deutsche Rechtsstaat ist in Gefahr (11.3.2021): https://archive.is/XBmNL
75 achgut.com: Dokumentation: Die Hüter der Verfassung auf dem Rückzug (9.12.2021): https://archive.md/o7SQt
76 Bodderas, Elke & Röhn, Tim: »Zur Vorbereitung auf den Abend nordete Harbarth

Merkel und ihre Minister ein«. S. unter welt.de (11.10.2021): https://archive.md/Co6On

77 Loewenstern, Robert von: Verplappert: Merkel hebelte Rechtsweg mit Absicht aus. S. unter achgut.com (28.4.2021): https://archive.is/izDw6

78 Lex, Justus: Mein Urteil über die Totengräber des Grundgesetzes. S. unter achgut.com (3.5.2021): http://archive.is/BHKEl

79 welt.de: De Maizière will Verfassung ändern, um Ausnahmezustand zu ermöglichen (2.4.2021): http://archive.is/JM4pe

80 Hochschild, Udo: Idee und Wirklichkeit der Gewaltenteilung in Deutschland. S. unter gewaltenteilung.de: https://archive.is/tc0E5

81 Kaufmann, Annelie & Sehl, Dr. Markus: EuGH zu Europäischem Haftbefehl: Deutsche Staatsanwälte nicht unabhängig genug. S. unter lto.de (27.5.2019) https://archive.is/5MBWQ

82 Spahn, Tomas: Der unaufhaltsame Umbau zur NGO-Herrschaft. S. unter tichyseinblick.de (20.5.2022): https://archive.is/X09HH

83 Broder, Henryk M.: Ich melde dich, und du meldest mich. S. unter achgut.com (5.3.2020): http://archive.is/4NZKt

84 Wallasch, Alexander: Wieviel Geld die Bundesregierung für bestimmte NGOs zahlt. S. unter tichyseinblick.de (4.6.2020): http://archive.is/cbDUd

85 bundesregierung.de: Demokratiefördergesetz: Die Demokratie verteidigen (14.12.2022): https://archive.is/Bc5f4

86 Neuhof, Ansgar: Wie NGO's die Demokratie untergraben (Teil 1). S. unter achgut.com (2.10.2019): https://archive.is/Cm6JI

87 Neuhof, Ansgar: Wie NGO's die Demokratie untergraben (Teil 2). S. unter achgut.com (3.10.2019): https://archive.is/E7bfr

88 Marguier, Alexander: Greenpeace-Chefin wechselt ins Auswärtige Amt: Der Rechtsstaat geht vor die Hunde. S. unter cicero.de (8.2.2022): https://archive.is/tOtyz

89 spiegel.de: Umstrittene Personalie: Baerbock stellt Klima-Sonderbeauftragte Morgan vor (9.2.2022): https://archive.is/WUXAj

90 Warweg, Florian: Dokumenten-Leak: Wie die Bundesregierung an einer »Narrativ-Gleichschaltung« zum Ukraine-Krieg arbeitet – Teil 1 s. unter nachdenkseiten.de (29.9.2022): https://archive.ph/ROkwk

91 Gasche, Urs P.: Grosse Medien sind mit einäugigen Faktencheckern verbandelt. S. unter infosperber.ch (17.12.2022): https://archive.vn/qxjMI

92 Hartmann, Klaus: Ein Kessel Hetze – gegen »Alles auf den Tisch«. S. unter nachdenkseiten.de (17.10.2021): https://archive.is/94NGj

93 Weber, Sylvie: Faktenchecker in der Bredouille. S. unter rubikon.news (10.1.2023): https://archive.ph/vhJBT

94 Lövenich, Christoph: Das ist Fakt! Ach, wirklich?. S. unter achgut.com (2.8.2021): https://archive.is/twwd7

95 Warweg, Florian: Faktencheck der Faktenchecker: Die fragwürdige Finanzierung und Zertifizierung von Correctiv. S. unter nachdenkseiten.de (10.6.2022): https://archive.is/kJUVr

96 Andrick, Michael: Was tun »Faktenchecker«? An den Möglichkeiten von Wahrheit sind sie nicht interessiert. S. unter berliner-zeitung.de (10.8.2022): https://archive.ph/NG7DV

97 Binnig, Martina: Dienstleister für Zensur und Boykott. S. unter achgut.com (1.11.2022): https://archive.is/cqdKr

98 Wendt, Alexander: Das Alpha und Omega der Angela Merkel. S. unter publicomag.com (6.6.2020): https://archive.is/M3nKc
99 Kraus, Josef: Das Bundesverfassungsgericht verspielt seinen Ruf – vornan dessen Präsident Harbarth. S. unter tichyseinblick.de (30.6.2022): https://archive.is/NRvb1
100 Youtube-Kanal »Pro Rechtsstaat«: J. Gauck: »Die Eliten sind gar nicht das Problem, die Bevölkerungen sind im Moment das Problem« (26.6.2016): https://www.youtube.com/watch?v=_5pkwEFi1nE
101 Schölzel, Arnold: Bundeswehr im Inland: Neue Bürgerkriegszentrale. S. unter jungewelt.de (26.9.2022): https://archive.ph/vdqHv
102 Lengsfeld, Vera: Aus Verfassungsschutz wird Staatssicherheit. S. unter freiewelt.net (29.4.2021): https://archive.is/x0MIl
103 Knauss, Ferdinand: Wie Haldenwang den Verfassungsschutz zum Staats- und Politikerschutz umdeutet. S. unter tichyseinblick.de (17.1.2022): https://archive.is/ITZ9S
104 Haynold, Oliver M.: Sind Sie ein Regierungsleugner?. S. unter achgut.com (22.6.2022): https://archive.ph/e2JGa
105 Deutsche Akademie für Sprache und Dichtung: Georg-Büchner-Preis, Preisträger Günter Eich: Dankrede. S. unter deutscheakademie.de: https://archive.is/KqM5A

Politische Farbenblindheit

1 mmnews.de: Verfassungsschutz betreibt hunderte rechte Fake-Accounts (20.9.2022): https://archive.ph/8wEkY
2 Lady Bitch Ray [LadyBitchRay1]: Vor allem reaktiviert #Hallervorden mit seinem Nazi & „Kommunisten"-Vergleich die Hufeisentheorie … [Tweet] (25.8.2021): https://archive.is/tSwJL
3 Meyer, Katharina: Linke und Rechte – Warum die Hufeisentheorie nicht zeitgemäß ist. S. unter zdf.de (14.2.2020): http://web.archive.org/web/20210726113401/https://zdf.de/nachrichten/politik/hufeisentheorie-hufeisenschema-rechtsextremismus-afd-linke-thueringen-102.html
4 einprozent.de: Das Aussageprotokoll: Kronzeuge belastet Lina E. (9.8.2022): https://archive.ph/Mrc45
5 jugendopposition.de: Im Vorfeld der Landtagswahlen vom 20. Oktober 1946 in der Sowjetischen Besatzungszone wirbt die SED um ehemalige NSDAP-Mitglieder: https://archive.is/fpRar
6 Emory University: Study: Left-wing authoritarians share key psychological traits with far right. S. unter phys.org (10.9.2021): https://archive.is/4AWPK
7 Böhm, Julius: SPD Neujahrsempfang: Katarina Barley mit emotionaler Rede - »Bollwerk für die Demokratie: SPD«. S. unter osthessen-news.de (26.1.2017): https://archive.is/hz3BA

Die Tragödie junger Aktivisten

1 Ford, Jason: Die Klimaaktivisten hängen am Tropf globalistischer Milliardäre. S. unter ansage.org (30.4.2023): https://archive.is/JdTnt
2 Schwarzenberg, Dirk & Wendt, Alexander: Publico Dossier: Die Psychologie des grünen Erfolgs. S. unter publicomag.com (30.5.2019): https://archive.is/rOKot
3 Danisch, Hadmut: Wer Greta finanziert. S. unter danisch.de (3.10.2019): https://archive.is/MZlCO

4 Weimer, Wolfram: Die erstaunlichen Geschäfte der Greta Thunberg-Lobby. S. unter theeuropean.de (25.8.2019): https://archive.is/MSvB9
5 Werner, Reinhard: »Millionen stehen hinter uns«: Die Spur des Geldes hinter dem »Klimastreik«. S. unter epochtimes.de (24.9.2019): https://archive.is/mVQsG
6 Fritz, Jürgen: Fridays for Future: Wer in Wahrheit dahinter steckt. S. unter juergenfritz.com (18.4.2019): https://archive.is/pwNGf
7 Neuhof, Ansgar: Spiegel liegt falsch, TE richtig: Bestätigt: Fridays for future finanziell fremdgesteuert. S. unter tichyseinblick.de (18.4.2019): https://archive.is/Jvecu
8 Neuhof, Ansgar: Fridays for future mausert sich zum Konzern: Bestätigt: Fridays for future wird monetarisiert. S. unter tichyseinblick.de (24.7.2019): https://archive.is/w8QX2
9 jungefreiheit.de: US-Organisation zahlt: Klima-Kleber bekommen Gehalt für Blockaden (18.11.2022): https://archive.ph/eUBQa
10 Danisch, Hadmut: Wer hinter den Freitags-Demonstrationen steckt. S. unter danisch.de (10.4.2019): https://archive.is/UqR55
11 Danisch, Hadmut: Wer hinter den Freitags-Demonstrationen steckt II. S. unter danisch.de (10.4.2019): https://archive.is/1JvaW
12 Danisch, Hadmut: Wer hinter den Freitags-Demonstrationen steckt III. S. unter danisch.de (10.4.2019): https://archive.is/HjtO3
13 berliner-zeitung.de: Klimastreik in Berlin: Wie Schüler unter Druck gesetzt werden – ein Kommentar (20.9.2019): https://archive.is/yo7Aj
14 Wildschutz, Nicolas: Liebe Boomer*innen, wieso seid ihr eigentlich gegen das Gendern?. S. unter meedia.de (23.9.2020): https://archive.ph/r9DRJ

Das Meinungskartell

1 Fleischhauer, Jan: Erziehungs-Journalismus. S. unter spiegel.de (5.1.2016): https://archive.ph/Oqcua
2 Bröckers, Mathias: Die Medien-Gaukler. S. unter rubikon.news (4.10.2018): https://archive.ph/cjzsK
3 Leif, Thomas: Mediengesellschaft: Macht ohne Verantwortung. S. unter bpb.de (26.5.2002): https://archive.is/Ho4WJ
4 Sorg, Eugen: Lügenpresse. S. unter bazonline.ch (14.3.2017): https://archive.ph/ssSBQ
5 maninthemiddle.blogspot.com: Die feministische Bewußtseinsindustrie: https://archive.is/gqmsk
6 Altland, Nils & Asmus, Sebastian: Grüne Mehrheit? Die ARD und ihre Volos. S. unter ndr.de (11.11.2020): https://archive.ph/tk3s4
7 Haubrich, Rainer: Ausgewogene Berichterstattung? 92 Prozent der ARD-Volontäre wählen grün-rot-rot. S. unter welt.de (3.11.2020): http://archive.is/cH9To
8 Thurnes, Mario: Sie haben es wieder getan: ZDF entlässt Journalistin wegen kritischer Nachfragen zu Corona. S. unter tichyseinblick.de (23.2.2022): https://archive.is/3iYbi
9 unzensuriert.at: Medien-Studie belegt: Berichterstattung in der Hand dreier globaler Nachrichtenagenturen (8.6.2016): https://archive.is/pX7bz
10 Schönauer, Mats: Die Welt, Frankfurter Allgemeine Zeitung, Süddeutsche Zeitung etc.: Sehen alle gleich aus (diesmal sogar wirklich). S. unter bildblog.de (9.6.2015): https://archive.is/OQbPd
11 Schreyer, Paul: Im Dialog mit der ARD. S. unter multipolar-magazin.de (26.11.2020): https://archive.ph/8FhsO

12 Seifert, Heribert (NZZ): Hetzer, Idioten und Dumpfbacken: Der Wutjournalismus und die Angst vor politischen Ansteckungsgefahren. S. unter lu-wahlen.ch (14.5.2016): http://web.archive.org/web/20190402074308/http://www.lu-wahlen.ch/uploads/media/Seifert-nzz_20160514_0_0_11.pdf

13 spiegel.de: Krise der gedruckten Medien: Zeitschriftenverleger dringen auf rasche staatliche Presseförderung (23.1.2022): https://archive.is/MmvQ5

14 Stockmann, Ulrike: Der Selbstbedienungsladen für Haltungsmedien. S. unter achgut.com (11.8.2022): https://archive.ph/VEOla

15 Serrao, Marc Felix: Journalismus, wie er Claudia Roth gefällt: Warum Correctiv und die »Neuen Deutschen Medienmacher:innen« kein Steuergeld verdienen. S. unter nzz.ch (10.8.2022): https://archive.ph/ygOfv

16 Thurnes, Mario: Einstieg in staatliche Zeitungen: Politik soll Verlegern 630 Millionen Euro im Jahr schenken. S. unter tichyseinblick.de (4.4.2023): https://archive.is/APdJM

17 Warweg, Florian: Tagesschau ruft zum »Kampf gegen die Lüge« auf und bringt »Strafverfolgung« von RT-Journalisten ins Spiel. S. unter nachdenkseiten.de (19.8.2022): https://archive.is/tSxD5

18 Klöckner, Marcus: Wenn Landesmedienanstalten Medien öffentlich an den Pranger stellen. S. unter nachdenkseiten.de (28.5.2021): https://archive.is/I7wkw

19 Casper, Michael: Ist die Presse die größte Gefahr für die Pressefreiheit? Zensur und Diffamierung statt kollegialer Solidarität. S. unter reitschuster.de (14.2.2022): https://archive.is/A9Ihc

Lügenpresse?

1 Röhl, Wolfgang: Der NDR und der Fall »Lovemobil«. S. unter achgut.com (10.4.2021): https://archive.is/1wk2I

2 persoenlich.com: Tom Kummer: »Das Argument der Gutgläubigkeit ist ziemlich lächerlich« (19.10.2010): https://archive.is/jPi5F

3 Brotz, Sandro: »Meine Chefs waren Kummer-Junkies«. S. unter schweizamwochenende.ch (16.10.2010): https://archive.ph/k1MMf

4 de.wikipedia.org: Tom Kummer: https://archive.ph/zd0m1

5 Dillmann, Thomas: BdP-Studien: »Thesenjournalismus statt ergebnisoffener Recherche?«. S. unter pr-journal.de (18.12.2015): http://web.archive.org/web/20170611195636/http://pr-journal.de/lese-tipps/studien/16934-bdp-studie-thesenjournalismus-statt-ergebnisoffener-recherche.html

6 Meisner, Matthias: Falsche Bilder bei der ARD zum Ukraine-Konflikt: Propagandatricks – oder Pannen in Serie. S. unter tagesspiegel.de (2.9.2014): https://archive.is/UZjmf

7 Hoffmann, Arne: Jetzt ist es raus: »Männerrechtler haben die Welt gegen Amber Heard aufgebracht«. S. unter genderama.blogspot.com (7.6.2022): https://archive.ph/HDyMJ

8 Zimski, Oliver: Tagebuch einer Hinrichtung (1). S. unter achgut.com (11.5.2021): https://archive.is/aWxVN

9 spiegel.de: Krieg in Syrien: Hunderttausende Frauen und Kinder leiden in Homs (3.8.2013): https://archive.is/iCoOf

10 Kohn, Edith: Medien verzerren Realität: »Mit den Flüchtlingen wurden politische Spielchen getrieben« (aus: »Die Welt« vom 17.6.1999). S. unter archiv.friedenskooperative.de (7.7.1999): https://archive.is/i3BGe

11 Wendt, Alexander: Gebührenerhöhung beschlossen: 86 Cent pro Monat – auch für diese öffentlich-rechtlichen Fehlleistungen. S. unter tichyseinblick.de (12.3.2020): https://archive.is/xiSOJ
12 Roland, Max: Manipuliertes Skandal-Video zu Polizeigewalt: MDR gesteht »bedauerliches Missgeschick«. S. unter pleiteticker.de (2.5.2023): https://archive.is/CcddT
13 Wendt, Alexander: Schmerzensschreie für das Klima. S. unter publicomag.com (6.5.2023): https://archive.ph/R1gDm
14 Youtube-Kanal »Clownswelt«: Ich habe euch erwischt, NDR! (14.12.2022): https://www.youtube.com/watch?v=4q07tEHrODg
15 pleiteticker.de: Kanzlergespräch: Ampel-Politiker treten als normale Bürger auf (8.5.2023): https://web.archive.org/web/20230508132113/https://pleiteticker.de/kanzlergespraech-ampel-politiker-treten-als-normale-buerger-auf/

Haltungsjournalismus

1 McMahon, Collin: »Neue deutsche Medienmacher«: Bundesregierung und Soros finanzieren Verein gegen neutrale Berichterstattung. S. unter epochtimes.de (3.10.2018): https://archive.is/HXV8u
2 Oehmke, Philipp: Gegenwart und Zukunft des Journalismus: Die Zeit der Neutralität ist vorbei. S. unter spiegel.de (11.6.2020): https://archive.ph/X7Iwt
3 stern.de: Von der Stern-Chefredaktion: Darum wollen wir ein Zeichen setzen (24.9.2020): https://archive.is/H5tWS

Mediale Doppelmoral im Textvergleich

1 cicero.de: Sextourismus: Gefügige Frauen, befriedigte Egos: https://archive.ph/EMGE9
2 Meyer-Timpe, Ulrike: Wider den Sextourismus. S. unter zeit.de (28.7.1995): https://archive.ph/gsKE5
3 Barth, Ariane: Aus Babylon in die Wildnis. S. unter spiegel.de (30.5.1982): https://archive.ph/e8728
4 Reichel, Sabine: Sex nur für »Erwachsene«: Wehe, wenn sie losgelassen …. S. unter welt.de (10.9.2006): https://archive.is/5kLgu
5 Schmollack, Simone: Sexgewerbe floriert in Südostasien: Das »Epizentrum« des Sextourismus. S. unter taz.de (14.5.2016): https://archive.ph/bBl6b
6 Bruhns, Annette: Dollars für Big Bamboo. S. unter spiegel.de (31.7.2000): https://archive.ph/ojc20
7 Kalnoky, Boris: Von türkischen Gigolos und deutscher Einsamkeit. S. unter welt.de (23.5.2008): https://archive.is/PPjTI
8 freundin.de: Wie er lügt, wenn er betrügt (5.5.2017): https://archive.is/FPUEL
9 Jüttner, Julia: Vom Opfer zur Täterin: Wenn Frauen morden. S. unter spiegel.de (21.10.2007): https://archive.ph/0vQjW
10 Jüttner, Julia: Mutter erstickte Baby: »Töte das Kind, sonst wirst du nie mehr glücklich«. S. unter spiegel.de (15.6.2016): https://archive.ph/Go8WQ
11 spiegel.de: Neonatizid: Warum Mütter nach der Geburt ihre Kinder töten (1.8.2005): https://archive.ph/q3B2K
12 abendblatt.de: Mutter ertränkt Sohn »in guter Absicht« (15.11.2008): https://archive.is/PgfCO

13 Vowinkel, Heike: Mit dem Kind tötete Sabine R. auch sich selbst. S. unter welt.de (22.9.2010): https://archive.is/25bYn
14 Lutz, Martin: Verletzt und gedemütigt – darum laufen Frauen Amok. S. unter welt.de (20.0.2010): https://archive.is/PE4CZ
15 Schmollack, Simone: Kriminologin über amoklaufende Frauen: »Fast alle lösen ihre Konflikte friedlich«. S. unter taz.de (22.9.2010): https://archive.is/tTFb3
16 berliner-zeitung.de: Nach Familiendrama in Berlin-Gatow: Werden sich nun Oma und Opa um das Baby kümmern? (23.8.2012): https://archive.is/G4Kae
17 Lanwert, Hayke: »Männer rächen sich an Frauen, indem sie die Kinder töten«. S. unter derwesten.de (9.8.2012): https://archive.ph/H9YqM
18 oe24.at: Frau reißt Ehemann Hoden ab (10.3.2016): https://archive.is/E4dfk
19 tag24.de: Sex-Flop: Unbefriedigte 18-jährige verprügelt ihren Lover (29.2.2016): https://archive.is/c2PKe
20 blick.ch: Mathelehrerin verführt Schüler (15): Sie brachte ihm das Sexmalsex bei! (24.2.2015): https://archive.ph/yJU3o
21 Clarissa: »Bild« findet Sexualstraftäter sexy. S. unter bildblog.de (27.11.2005): https://archive.is/yWIYN
22 Kotlar, Kerstin: Abrechnung mit Barbara Becker »wirkt sehr pubertär«. S. unter amica.de: https://archive.ph/sM0RD
23 Kotlar, Kerstin: »Opfer-Männer übernehmen keine Verantwortung«. S. unter amica.de: https://archive.ph/d1P9g

Sexistische Rituale

1 OLK: »Weiba raus, Schwule vor!«. S. unter taz.de (25.5.1990): https://archive.is/uDr2t
2 WG: Skins randalierten am Vatertag. S. unter taz.de (11.5.1991): https://archive.is/hdkG5
3 taz.de: Gewaltspirale am Herrentag hochgedreht (11.5.1991): https://archive.is/b8vrf
4 MAD: Vaterlinge & Kümmerlinge. S. unter taz.de (10.5.1991): https://archive.is/5zOiJ
5 Wildt, Dirk: Schmeißt den Roten runter. S. unter taz.de (29.5.1992): https://archive.is/f0qpF
6 taz.de: Bilanz des Vatertages (22.5.1993): https://archive.is/MWnTS
7 Löblich, Eberhard: »Ausländerjagd« am Vatertag. S. unter taz.de (14.5.1994): https://archive.is/76lb6
8 Lerch, Peter: Besoffen wie jeden Tag. S. unter taz.de (26.5.1995): https://archive.is/X6VW9
9 taz.de: Stille Post (22.5.1996): https://archive.is/L2cGO
10 taz.de: Vatertagsbilanz: Trinken und Randalieren as usual (10.5.1997): https://archive.is/rjsgz
11 Böhm, Andrea: Vatertag am Snake Pit Lake. S. unter taz.de (12.5.1997): https://archive.is/Ezkle
12 taz.de: Vatertag I: Rechte Randale in Thale (23.5.1998): https://archive.is/61UIj
13 taz.de: Vatertag II: Rechte Randale in Magdeburg (23.5.1998): https://archive.is/6JbDX
14 taz.de: Vatertag III: Rechte Randale in Mühlhausen (23.5.1998): https://archive.is/8vMAZ
15 Bollwahn, Barbara: Wenn Rechte am Vatertag Klein-Hitler spielen. S. unter taz.de (19.7.1999): https://archive.is/M26ep
16 taz.de: Schlager und Shanties (31.5.2000): https://archive.is/ubTCD
17 DDP: Gewaltexzesse am Herrentag. S. unter taz.de (26.5.2001): https://archive.is/OjbUa

18 Klinkhardt, Annette: Unser Onkel Fritz. S. unter taz.de (8.5.2002): https://archive.is/1Qx9Z
19 taz.de: Vatertag I: Flasche auf A27 (31.5.2003): https://archive.is/5JH1B
20 taz.de: Vatertag II: Randale beim Arzt (31.5.2003): https://archive.is/jA2eY
21 Lee, Felix: Wehret den Bollerwagen. S. unter taz.de (19.5.2004): https://archive.is/d4Z69
22 taz.de: Vatertag in Dresden: Randale am Elbufer (7.5.2005): https://archive.is/kkYbj
23 MNZ: Unfriedlicher Vatertag. S. unter taz.de (27.5.2006): https://archive.is/QegEP
24 Reineking, Ulrich: Herrentag, Vatertag, Männertag. S. unter taz.de (19.5.2007): https://archive.is/GeRpS
25 Dubro, Lukas: Vatertag in Potsdam: Potsdamer Polizei spiel Angriff herunter. S. unter taz.de (6.5.2008): https://archive.is/AIPh3
26 Shabafrouz, Sofia: Tui wirbt mit Panzerfahrt zum Vatertag: Mit dem Bollerwagen. S. unter taz.de (14.5.2009): https://archive.is/oD51I
27 taz.de: Festnahmen trotz Winterwetter: Vatertagsbilanz: 38 Ermittlungsverfahren (15.5.2010): https://archive.is/z7m9l
28 Sperling, Janina: Mein Vater, der Trinker. S. unter taz.de (28.5.2011): https://archive.is/1P1z5
29 taz.de: Geht es den Vätern zu gut? (28.5.2011): https://archive.is/mZYSj
30 taz.de. Das Vatertags-Wetter (18.5.2012): https://archive.is/jzgLS
31 BES: Wo saufen subversiv ist. S. unter taz.de (4.5.2013): https://archive.is/e5TEK
32 Seddig, Katrin: Notprogramm für einen Feiertag. S. unter taz.de (4.6.2014): https://archive.is/AfQWY
33 Rusch, Hilke: Sie wollen nerven. S. unter taz.de (18.5.2015): https://archive.is/JDN3d
34 Peter, Erik: Feministische Aktionen in Berlin: Jeder Tag ist Männertag. S. unter taz.de (6.5.2016): https://archive.is/hCqx7
35 taz.de: Gurke zum Vatertag (24.5.2017): https://archive.is/DO2Q2
36 Vogel, Sonja: Halbstarke am Herrentag. S. unter taz.de (14.5.2018): https://archive.is/CURDY
37 Müller-Foell, Eva: Schrippen zum Herrentag. S. unter taz.de (3.6.2019): https://archive.is/9cXqI
38 Seddig, Katrin: Der »Vatertag« wird 2020 noch gruseliger: Bierfass im Garten. S. unter taz.de (21.5.2020): https://archive.is/YDRv9
39 Dudley, Michaela: Frau ohne Menstruationshintergrund: Catcalling unterm Phallus. S. unter taz.de (2.6.2022): https://archive.is/v2Nlr
40 Betz, Franziska: Vatertag auch für Jesus. S. unter taz.de (17.5.2023): https://archive.is/M15TY

Die neue Religion und ihre Hohepriester

1 Asmuth, Gereon: Neues Familienbild der Ampel: Eine kleine Revolution. S. unter taz.de (29.11.2021): https://archive.is/VESo3
2 Conrads, Bernadette: Deutschlands Sinti gegen Sprachhygiene: »Unwürdige Diskussion« Der Zigeunerbegriff muss erhalten bleiben. S. unter wochenblick.at (26.8.2020): https://archive.is/borAs
3 Starke, Kurt: Der Phallus-Träger denkt nach. S. unter freitag.de (28.2.2021): http://archive.is/xuAMt
4 Schenz, Viola: Diskriminierung an US-Hochschulen: Asiatische Amerikaner scheitern an der »Bambus-Decke«. S. unter sueddeutsche.de (14.12.2015): https://archive.is/fy5De
5 amadeu-antonio-stiftung.de: Was ist Rassismus?: https://archive.is/x90N9

Die Gespenster der Vergangenheit kehren zurück

1 Fröhlich, Alexander: Berliner Feuerwehr legt Bericht vor: Klimakleber haben Rettung einer Radfahrerin erheblich erschwert. S. unter tagesspiegel.de (9.11.2022): https://archive.ph/8vecn

2 Kunz, Gunnar: Der »Qualitätsjournalismus« schlägt wieder zu. S. unter alternativlos-aquarium.blogspot.com (7.8.2020): https://archive.is/Mev0g

3 Kunz, Gunnar: Sie verlassen den demokratischen Sektor. S. unter alternativlos-aquarium.blogspot.com (19.11.2016): https://archive.is/a5Iv6

4 Wasser, Leo: Goethe-Institut: antisemitisch und antideutsch. S. unter achgut.com (20.3.2021): http://archive.is/KFn4i

5 Ahrens, Stefan: »Anti-rassistischer« Irrsinn: Kanadische Schulen verbrennen Asterix und Co.. S. unter die-tagespost.de (10.9.2021): https://archive.is/SbXGp

6 Danisch, Hadmut: Regenbogenkrieg?. S. unter danisch.de (19.7.2019): https://archive.is/7QECt

7 infranken.de: Klimakiller Nummer 1: Ein Kind schadet dem Klima mehr als 24 Autos (12.2.2020): https://archive.is/D95s2

8 gruene.de: Beschluss: Bündnis 90/Die Grünen unterstützen den »Veggie-Day« (19.-21.11.2010): https://web.archive.org/web/20130928115332/http://www.gruene.de/fileadmin/user_upload/Beschluesse/Ernaehrung-Veggie-Day-Beschluss-BDK-Freiburg-11-2010.pdf

9 Lövenich, Christoph: Karneval der Kulturen. S. unter novo-argumente.com (17.11.2016): https://archive.is/cSjs8

10 Schmid, Andreas: Waschlappen statt Dusche: Kretschmanns Energiespartipp erzürnt Linke - »unendlich abgehoben«. S. unter merkur.de (17.10.2022): https://archive.is/NYUZ7

11 Lang, Friedrich: Sie gendern, um zu herrschen. S. unter achgut.com (31.7.2021): https://archive.is/jwLjD

12 de.wikipedia.org: Infektionsschutzgesetz: https://archive.ph/vBaaI

13 Haferburg, Manfred: Die Bundesregierung pfeift auf Gesetze und die Verfassung. S. unter achgut.com (13.11.2020): https://archive.is/ZNp3Y

14 Schenk, Elke: Professionelle Heuchelei (4/4). S. unter rubikon.news (24.7.2017): https://archive.is/vFZZ0

15 correctiv.org: Dafür stehen wir: https://web.archive.org/web/20170831040427/https://correctiv.org/correctiv/

16 de.wikiquote.org: Ignazio Silone: https://archive.ph/8iuSg

17 morgenpost.de: G20: Nach Krawallnacht – Hamburger Schanzenviertel in Trümmern (8.7.2017): https://archive.is/kUSuk

18 einprozent.de: Das Aussageprotokoll: Kronzeuge belastet Lina E. (9.8.2022): https://archive.ph/Mrc45

19 Danisch, Hadmut: Die Schlägertruppen der Regierung. S. unter danisch.de (11.8.2022): https://www.danisch.de/blog/2022/08/11/die-schlaegertruppen-der-regierung/

20 Esken, Saskia [EskenSaskia]: 58 und Antifa. Selbstverständlich. [Tweet] (1.6.2020): https://archive.ph/BjZVO

21 Leber, Sebastian: Chaoten oder Heilsbringer? Danke, liebe Antifa!. S. unter tagesspiegel.de (24.1.2014): https://archive.is/iUDZx

22 Rath, Christian: Gesetzentwurf gegen Feindeslisten: Journalisten dürfen Namen nennen. S. unter taz.de (14.3,2021): https://archive.is/vAZwq

23 Tichy, Roland: »Entnahme« von Kritikern: Jetzt werden Todeslisten für den Montag nach der Wahl erstellt. S. unter tichyseinblick.de (23.9.2021): https://archive.is/BJNJZ

Cives Academici

1 de.wikipedia.org: Emil Julius Gumbel: https://archive.is/tJH0r
2 de.wikipedia.org: Georg Friedrich Nicolai: https://archive.is/KftPk
3 de.wikipedia.org: Theodor Lessing: https://archive.is/Os76A
4 Kather, Regine: Die Wahrheit der Wissenschaft: »Deutsche und Jüdische Physik«. S. unter degruyter.com (2018): https://archive.is/TcJyN
5 de.wikipedia.org: Bücherverbrennung 1933 in Deutschland: https://archive.is/Hvd0g
6 Krüll, Marianne: Wege aus der männlichen Wissenschaft. Perspektiven feministischer Erkenntnistheorie. S. unter amazon.de: https://archive.is/qR7t8
7 abendblatt.de: So funktioniert feministischer Neusprech (28.4.2014): https://archive.is/dKJc6
8 Rosenfelder, Andreas: Wie Feministinnen einem Dichter den Prozess machen. S. unter welt.de (27.3.2018): https://archive.is/xfsaK
9 Brenner, Peter J.: Der »umstrittene Professor« und die Freiheit der Wissenschaft. S. unter imsw.de (1.11.2019): http://archive.is/3ePKD
10 Kostner, Sandra: Wenn Wissenschafter eine Agenda verfolgen: wie Macht und Moral an den Hochschulen die Erkenntnis ersetzen. S. unter nzz.ch (13.1.2020): https://archive.is/7PiAE
11 Kraus, Josef: »Auslistung« von Büchern: Auch der Buchhandel übt sich in Volkspädagogik. S. unter tichyseinblick.de (23.10.2020): http://archive.is/2Gr2Z
12 Kuhn, Philip: An deutschen Unis werden Banalitäten skandalisiert. S. unter welt.de (7.11.2017): https://archive.is/oblj2

Plädoyer für eine offene Debatte

1 Festinger, Leon: When prophecy falls. S. unter University of Minnesota Press, Minneapolis: https://archive.org/stream/pdfy-eDNpDzTy_dR1b0iB/Festinger-Riecken-Schachter-When-Prophecy-Fails-1956_djvu.txt
2 Heuer, J. Chr.: Festingers Theorie der Kognitiven Dissonanz. S. unter ethologiepsychologie.wordpress.com (15.11.2011): https://archive.is/VnA3C
3 Watters, Randall: Wenn Prophetie versagt. S. unter sektenausstieg.net (21.9.2004): https://archive.is/Yvz5H
4 Matuschek, Milosz: Die folgsame Schar der Moralisten. S. unter nzz.ch (29.4.2019): https://archive.ph/QsvGP

Fast 80 Prozent der Deutschen trauen sich nicht, zu bestimmten Themen offen ihre Meinung zu sagen.

„Das Buch von Zydatiss (...) ist unbedingt lesenswert, da es analytisch wie exemplarisch zeigt, wie hier eine ‚neue Kulturrevolution' heraufzieht. Pflichtlektüre!"

Junge Freiheit

„Auf 184 Seiten wird in dem gelungenen Werk über das Meinungsklima speziell in Deutschland und allgemein im Westen referiert. Dem Leser bietet sich eine kompakte Einführung in das Thema."

Tichys Einblick

Kolja Zydatiss:
Cancel Culture.
Demokratie in Gefahr
Münster: Solibro Verlag 2021
[Klarschiff Bd. 17]
ISBN 978-3-96079-086-0
Broschur • 184 Seiten
E-Book: eISBN 978-3-96079-087-7

mehr **Infos & Leseproben:**
www.solibro.de